浦谷 規 監修
シリーズ
〈金融工学の基礎〉
7

無裁定理論とマルチンゲール

浦谷 規 著

朝倉書店

は　し　が　き

　金融工学は豊かな経済社会において，資産の有効利用とそのリスク管理のために1970年代から発展してきた．グローバル経済と情報ネットワークの進展とあいまって，金融工学は現代社会にとって必要不可欠なものとなってきている．資産管理の問題に対しては，金融工学以前にも種々の工夫がなされてきていたが，明確な相違点は確率過程という数学理論をその基礎においた点である．金融の膨大な情報のなかで考え出されたさまざまなアイディアは，女性のファッションのように時代の流行り廃りで変化し，体系化できることがほとんどなかった．ところが，金融工学は，裁定取引がない条件から，均衡状態における価格を求める原理を確立した．

　裁定取引とは0円の投資からリスクなしで利益が生まれる取引であり，この「うますぎる」ことは長くは存在しないことを無裁定取引と本書ではよんでいる．われわれの日常生活は支払いをした後に利益を受けることにあまりにも慣れているために，裁定取引は単純なものでも気がつかないことが多い．たとえば，確率100％で株価を予測するなどである．

　無裁定取引条件はマルチンゲール確率の存在がその必要十分条件であり，この確率を用いた平均値からデリバティブの価格が求められる．デリバティブとは，資産管理のために価格に対して条件をつけた金融契約であり，需要に合わせたデリバティブ新商品の開発とその価格設定などが金融工学が扱う主要な領域である．

　本書は金融工学の基本的手法であるマルチンゲールアプローチの原理を初等的レベルから解説する．第1章では金融商品とその裁定取引などを直感的に解説する．第2章では1期間モデルでかつ離散確率空間におけるファイナンスの第1および第2基本定理を述べる．はじめに線形計画法の双対定理からマルチ

ンゲール確率存在とマルチンゲールアプローチの簡単な例を示す．しかる後に，一般的線形不等式における Stiemke の補題から同値マルチンゲールの存在を証明する．この補題と双対定理のいずれもが依存している Farkas の定理については，Gale[8] の証明を紹介する．さらに，現在価値法の基礎である CAPM との関連についても述べる．

多期間モデルについては第 3 章で有限確率空間におけるファイナンスの基本定理を述べる．その数学的準備であるフィルトレーション，条件付き期待値およびマルチンゲールをできるかぎりわかりやすく解説した．これらの準備後に，ファイナンスの基本定理を凸集合分離定理からの証明によって紹介する．離散時間多期間モデルの最も単純で応用性の広い 2 項モデルを最後に説明する．

第 4 章は連続時間モデルである．そこではブラウン運動，伊藤過程，および伊藤の公式などを金融工学に必要なレベルで解説する．伊藤過程の金融工学への応用であるブラック–ショールズモデルに沿って，マルチンゲールアプローチを述べる．ここでは，マルチンゲール確率の存在に関する議論は確率変換定理が中心となり，その初等的な証明を解説する．確率変換を利用したブラック–ショールズのオプション式の導出，その感度分析なども述べる．また，偏微分方程式とファイマン–カッツの定理も簡単に証明する．

さらに，先物契約と先渡し契約を解説し，ポートフォリオインシュアランスにおける先物契約の活用について述べる．アメリカ型オプションについても簡単に解説する．最後の節では派生証券の数値解法として最も単純な 2 項モデルより精度がよいとされる，偏微分方程式の数値解法を紹介する．

本書は難解な確率過程を，金融工学に必要な部分だけをできるかぎりわかりやすくしたつもりである．したがって，予備知識としては大学 1～2 年次の線形代数と確率論の知識があれば十分である．さらに金融工学の数学的側面を興味をもたれた読者には，すばらしい演習問題が豊富な Lamberton[13] に挑戦されることをお勧めしたい．

最後に，金融工学の基礎シリーズをお世話いただき，当方の種々の無理を聴いていていただいた朝倉書店の編集部に感謝いたします．

2005 年 9 月

浦谷　規

目　　次

1. はじめに ··· 1
   1.1 裁定取引とデリバティブ ·· 1
      1.1.1 デリバティブ・金融商品 ······································ 1
      1.1.2 裁定取引の例 ··· 5
      1.1.3 オプションを利用した裁定取引 ······························ 6
   1.2 現在価値法と裁定取引 ··· 8
      1.2.1 無裁定条件とリスク中立確率 ································· 12
      1.2.2 リスク中立確率とリスクプレミアム ························· 14

2. 1期間モデル ·· 16
   2.1 裁定取引と線形計画法 ·· 16
      2.1.1 裁　定　取　引 ··· 17
      2.1.2 取引数量モデルと線形計画法 ································· 19
      2.1.3 同値確率測度 ··· 24
      2.1.4 裁定取引がないときの資産価格の決定 ····················· 25
      2.1.5 相対価格プロセスとニューメレール ························· 26
      2.1.6 同値マルチンゲール確率測度と無裁定取引条件 ············ 28
      2.1.7 非完備市場における裁定取引 ································· 31
   2.2 ファイナンスの基本定理 ·· 34
      2.2.1 ファイナンスの第1基本定理 ································· 34
      2.2.2 Stiemke補題の証明 ·· 40
      2.2.3 完　備　市　場 ··· 43
      2.2.4 状態価格と確率変換 ··· 45

目次

- 2.3 リスク・リターンとマルチンゲール測度 ... 47
  - 2.3.1 ゲインの集合と超過収益率 ... 48
  - 2.3.2 資本資産価格モデル CAPM ... 50
  - 2.3.3 最小分散確率測度 ... 51
  - 2.3.4 リスク回避とマルチンゲール ... 55

3. 多期間モデル ... 59

- 3.1 確率過程と情報 ... 59
  - 3.1.1 株価プロセスとフィルトレーション ... 59
  - 3.1.2 条件付き期待値とマルチンゲール ... 62
  - 3.1.3 倍賭け戦略による裁定取引 ... 69
- 3.2 ファイナンスの基本定理 ... 71
  - 3.2.1 取引戦略とゲインプロセス ... 71
  - 3.2.2 無裁定取引条件 ... 75
  - 3.2.3 市場の完備性 ... 78
  - 3.2.4 凸集合分離定理 ... 81
- 3.3 2項モデルとオプション ... 83
  - 3.3.1 バリアオプション ... 87
  - 3.3.2 2項モデルの複製戦略 ... 88
  - 3.3.3 2項モデルのブラック–ショールズ式への収束 ... 89

4. ブラック–ショールズモデル ... 94

- 4.1 ブラウン運動と伊藤積分 ... 94
  - 4.1.1 伊藤積分と伊藤の公式 ... 96
  - 4.1.2 ブラック–ショールズモデルと無裁定条件 ... 98
  - 4.1.3 丸山–ギルサノフ定理 ... 101
- 4.2 ブラック–ショールズのオプション式 ... 104
  - 4.2.1 ヘッジングと完備性 ... 107
  - 4.2.2 無裁定取引条件 ... 109
  - 4.2.3 偏微分方程式とファインマン–カッツ定理 ... 112

	4.2.4	ブラック–ショールズ式の感度分析 (Greek)	115
	4.2.5	ヨーロッパ型プットオプションとその感度分析	119
	4.2.6	確率測度変換によるプットオプション価格	121
4.3	先渡し契約と先物契約		124
	4.3.1	先渡し契約	125
	4.3.2	先物契約	126
	4.3.3	ポートフォリオインシュアランスとデルタヘッジング	127
4.4	アメリカ型オプション		129
	4.4.1	アメリカ型コールオプション	130
	4.4.2	アメリカ型プットオプション	131
	4.4.3	配当があるときのアメリカ型オプション価格	133
	4.4.4	永久アメリカ型オプション	134
4.5	偏微分方程式の数値解析		135
	4.5.1	状態変数の離散近似	137
	4.5.2	時間に関する差分近似	139
	4.5.3	3対角行列の掃き出し法 (後退代入法)	141
	4.5.4	一般的係数の偏微分方程式	142
	4.5.5	ブラック–ショールズの偏微分方程式	143

参 考 文 献 145
索　　　引 147

はじめに

1.1 裁定取引とデリバティブ

1.1.1 デリバティブ・金融商品

　将来に利用する商品あるいは証券の購入を現在検討しているとしよう．たとえば，金塊1kgを1年後に工場で使いたいとする．購入には (i) 現物取引，(ii) 先渡し取引，(iii) 先物取引，(iv) オプション取引の4つの方法がある．2004年10月1日の価格は160万円である．

　第1の方法は，今日，金塊1kgを160万円で買い1年間金庫に保管し，1年後に利用するやり方である．いますぐ買うので**現物取引**とよばれ，今日の価格は**現物価格** (spot price) とよばれる．通常の買い物はこれにあたる．1年後に必要となる金塊をいま買うと，金庫に入れておくだけで銀行預金と違い金利はまったくつかない．しかし，1年後に金価格が上がると考える人は今日買うであろう．1年後の現物価格が180万円になったとすると，買ったときの価格より20万円高く，金塊を使わずに売って利益を上げようと考えるかもしれない．さらに，金利がたとえば2%であったとすると，買ったときの価格160万円にその利息3.2万円を加えた163.2万円より1年後の現物価格が大きいときには，金塊の購入のために借金してもよかったことになる．

　第2の方法は，1年後に必要になるのであるから，いま1年後の購入を予約する契約書を，1年後に売ってくれる人と取り交わすやり方である．この売買契約には1年後の金塊1kgを売買する価格が決められ，契約する時点ではどちらもお金の授受はない．この契約は将来に商品を渡す契約なので**先渡し契約** (forward contract) とよばれ，1年後の売買価格を**先渡し価格** (forward price)

とよぶ．この売買するまでの一定期間を**満期** (maturity) とよぶ．このやり方は，将来金価格は上がるだろうから金塊を買いたいが，いま買うお金がないので1年後に購入する契約をしておこうとする動機からである．この方法では，価格が下がったときの損は現物を借金をして買う方法と同額である．借金の金利と金塊価格の値下がり額が損失である．金価格が下がり続けると，損失が拡大し続けるのを満期がくるまでみすみす待っていられないのが人情であり，そのようなときに有効なのが後述の第3の方法である．図1.1の(a)は，第1の方法で金塊を買ったときの1年後の価値を縦軸に，1年後の価格 S_1 を横軸にとってみたものである．図(b)には借金をして金塊を買って，1年後に売却したときの損益を示した．S_1 が163.2万円以下は損であり，最大は金塊が売れなくて借金だけが残ったときが最大の損失163.2万円である．図(c)には先渡し契約をして1年後に先渡し価格 F 円で金塊を買い，すぐに売却したときの損益である．

第3の方法は，ある決まった間隔で，たとえば1週ごとに先渡し契約を解約できる契約である．これを**先物契約**とよぶ．先物契約では満期に購入する金塊の1週間先の価格が市場で決まる．これを**先物価格**という．1週後の先物価格が今の先物価格より高いとその差額を受け取り，逆のとき差額を支払う．したがって，契約を続けてもやめてもよいことになる．また，先物契約に途中から，新規参入することも可能になる．

先渡し契約は満期時に，先物は1週ごとに現物価格が下がると損失が生まれる．この損失をしないように金塊を買う方法が，第4の方法である**オプション**

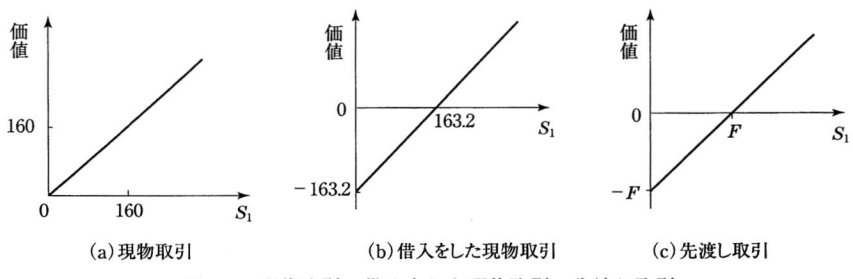

図 1.1　現物取引，借入をした現物取引，先渡し取引

契約である．**コールオプション**は，たとえば1年後の満期日に金塊を現在決めた価格で購入する権利を証書にしたものである．この現在決められた価格を**行使価格**という．1年後に金塊を使う人は，このコールオプションを購入すればよい．1年後の現物価格が予定価格，つまり行使価格より高いときはオプションの権利を行使し，行使価格で金塊を手に入れることが可能になる．逆に，現物価格が行使価格より低いときは，権利行使せずに，安い現物価格で金塊を買えば，先渡し契約や先物契約の損失が回避される．しかし，このコールオプションの証書はただではない．

満期時の価格が行使価格以上のときに，行使価格で金塊が買えるということは，コールオプション証書を売った人が損をしたことになる．このオプションの売り手を **option writer** といい，オプション証書の振出人を表す．一方，オプション証書を買った人を **option holder** という．価格が上がったときに，option writer は現物価格より低い行使価格で販売させられるので，そのリスクを補うためにオプション発行時にオプション証書に対する価格を受け取ることがなければこのような証書は存在し得ない．このオプション証書の価格を**オプションプレミアム** (option premium)，簡単にオプション価格とよぶ．

以上の金塊の例を株式や債券にすると，株式オプションや債権オプションになり，金融デリバティブとよばれるものの1つとなる．**デリバティブ** (derivative) とは，コールオプションのようにあるものの価格の将来変動に対して，一定の条件を設定した証券のことをいう．また，**プットオプション**は，満期時までにある商品あるいは証券を行使価格で売る権利を有する証券である．条件となる価格の財あるいは証券は**本源資産** (underlying asset) とよばれる．

オプションの種類

買う権利のあるオプション契約をコールオプションとよぶのは，権利行使は，いわば「コール」して買いつける状態を表すからである．コールオプションを満期日 T に権利行使し，行使価格 K で本源資産を買い，市場の現物価格 S_T で売却すると，受取額は $S_T - K$ である．現物価格が行使価格以下のときは権利行使をしない．このようにオプションに関する受取額をオプションの**ペイオフ** (payoff) とよぶ．コールオプションのペイオフは $(S_T - K)^+ = \max\{S_T - K, 0\}$ と記される．一方，財または証券を売りつける権利契約をプットオプションとよぶ

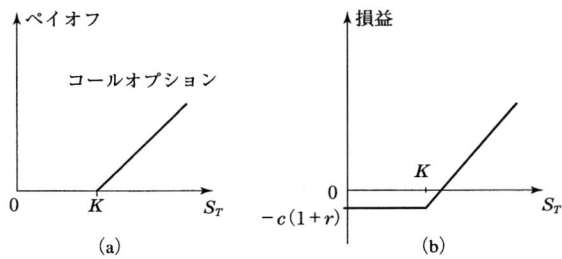

図 1.2 コールオプションの満期のペイオフ，借金で保有したときの損益

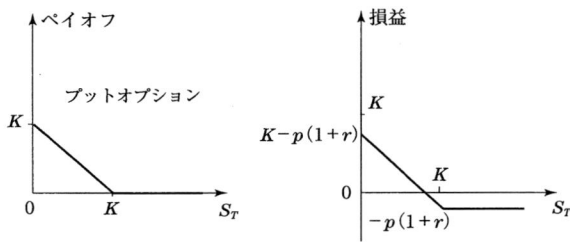

図 1.3 プットオプションの満期のペイオフ，借金で保有したときの損益

のは，権利行使が，いわば財または証券を「プット」(差し出して買わせる) 状態で表しているからである．コールオプションと同様にプットオプションのペイオフは $(K - S_T)^+$ と記される．

コールオプションホルダの満期日のペイオフを図1.2に示した．(a) はコールオプションのペイオフを縦軸に，本源資産の価格を横軸にして示してある．(b) はコールオプションを借金して購入したときの損益である．同様にプットオプションのペイオフと借金をして買ったときの損益を図1.3に示した．

これらのオプションには満期日だけに権利行使できる**ヨーロッパ型オプショ**ンと，満期日以前いつでも権利行使できる**アメリカ型オプション**がある．これら以外に，アジア型オプションといわれる行使価格が過去価格の平均値であるオプションや，ロシア型オプションなど条件にいろいろなバリエーションをつけた，いわゆる**エギゾチックオプション** (exotic option) がある．

1.1.2 裁定取引の例

裁定取引とは投資額がゼロで，将来にリスクなしで正の価値を発生し得る投資である．したがって，裁定取引を見つけた人は可能なかぎり多くの投資を実行する．なぜなら，現在の投資額はいくらこの取引を契約しても費用はゼロで，将来に損失なしで莫大な価値を生む可能性があるからである．裁定取引は失うものがなくて利益が手に入る，いわばリスクのない利益が生まれる投資戦略である．裁定取引があれば人々のその財に対する需要は増加し，その価格を押し上げ最終的には利益のなくなるレベルになる．つまり，裁定取引がなくなったときに価格は均衡する．言い換えれば裁定取引があれば，均衡価格になるまでの短時間には大きな利益を上げる可能性があるといえる．

裁定取引の簡単な例をあげよう．

(1) 負の金利

金利が負で，マイナス2%であったとしよう．1年間この金利で100万円借りたとしよう．1年後の元利合計返済額は，98万円である．したがって，投資額ゼロで1年後には2万円の価値が確率1でつくれる取引である．

(2) ゼロ以下の株価

株価がいったんゼロ以下になり，再び正の値をとったとしよう．株価が0以下のときに株券をできるかぎりもらっておき，再び株価が正になると裁定取引となる．

(3) 将来の株価が確率1で予測できる

いま買える株価が100円であり，借金の金利が8%であったとしよう．株価が1年後に150円になるものと確率1で予測できたとする．このとき，100円を借金し株を買うと，1年後には借金の元利合計は108円である．一方，株は150円で売却できるので，42円が初期投資額なしで手に入る．逆に，1年後の株価が50円であると確定しているときは，信用取引で株を借りて売却し，100円を手にする．1年後には株を50円で買って，借りていた株を返せばよい．これも裁定取引である．

以上の簡単な裁定取引は，負の金利は均衡状態では存在し得ないし，株価がゼロになり，再び正の値になることはあり得ないことを示している．最後の例は，

将来の価格は確率1で予測できず，確率的であることが本質的に重要であることを表している．

1.1.3 オプションを利用した裁定取引

オプションはいわゆる金融新商品であるためか，その価格が価値と乖離していても，裁定取引をすぐには見つけられない．その株式オプション例を以下で考えてみよう．ただし，株価を S，コールオプションの価格を C，その行使価格を K としておく．さらに，安全資産金利を r，満期までの期間を T とする．

(1) アメリカ型コールオプション

株の現物価格が50円でアメリカ型コールオプションの行使価格が40円であったとしよう．さらに，このコールオプション価格が8円であったとする．裁定取引は次の通りである．
(a) 株を空売りし50円受け取る．
(b) このお金でコールオプションを買い，8円払う．
(c) 同時にコールオプションを行使し40円で株を買い，借りた株を返す．
以上の初期投資額ゼロの取引において手元に2円残る．したがって，お金が残らない条件は一般的に $S - C - K \leq 0$ であるから，

$$C \geq S - K$$

であれば以上の裁定取引はできない．

(2) ヨーロッパ型コールオプション

株価が50円あり，ヨーロッパ型コールオプションの満期を3ヶ月とし行使価格が40円としよう．このコールオプションの価格が14円であるとする．このオプションがたとえアメリカ型であったとしても，$14 > 50 - 40$ であるから，上の例の裁定取引はない．しかし，次の取引は裁定取引を可能とする．ただし，3ヶ月の金利を25%とする．
(a) 株を空売りし50円受け取る．
(b) コールオプションを14円で買う．
(c) 残額36円を預金すると満期の3ヶ月後には45円になる．
(d) 3ヶ月後の受取り

i. 株価が 40 円以上のとき，権利行使し 40 円払って株を返す．残額は 5 円となる．
ii. 株価が 40 円未満のとき，オプションは行使せず株を市場で 40 円未満で買う．残額は 5 円以上となる．

この裁定取引が成り立たないのは，一般的に

$$(S-C)(1+r)^T - K \leq 0$$

であるから，ヨーロッパ型コールオプション価格が

$$C \geq S - \frac{K}{(1+r)^T}$$

であればこの裁定戦略は存在しない．

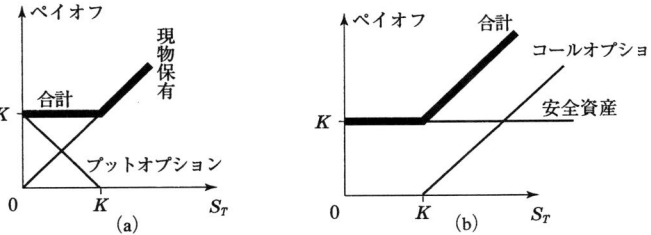

図 1.4　プロテクティブプットと安全資産とコールオプション

(3) プット・コールパリティ

図 1.4 の (a) に株とプットオプションの両方を保有するときの満期時のペイオフを示した．(b) には安全資産とコールオプションを保有したときの満期時のペイオフを示した．満期時点 T の株価を S_T と表すと，これらは次のとおり等しい．

$$S_T + (K - S_T)^+ = K + (S_T - K)^+$$

ところが現在の価値である株価 S，プットオプション価格 P，安全資産の現在価値およびコールオプション価格 C が

$$S + P > \frac{K}{(1+r)^T} + C \tag{1.1}$$

であったとしよう．このとき次の裁定取引が可能になる．
(a) 株を空売りし，プットオプションを発行し，$S+P$ を受け取る．
(b) その資金でコールオプションを買い，残りの $S+P-C$ を安全資産に預ける．
(c) 満期日 T には安全資産は $(S+P-C)(1+r)^T$ になり，式 (1.1) から K より大きいことがわかる．
  i. $S_T \geq K$ のときコールオプションを行使し，K 円で株を買い，借りていたものを返す．残額 $(S+P-C)(1+r)^T - K$ はプラスである．
  ii. $S_T \leq K$ のときプットオプションが行使され，K 円支払わされ，株を受け取る．これを返すと残額 $(S+P-C)(1+r)^T - K$ はプラスである．

同様に $S+P < K/(1+r)^T + C$ のときも裁定取引が可能となる．したがって無裁定の条件は

$$S + P = \frac{K}{(1+r)^T} + C$$

である．これを**プット・コールパリティ条件**とよぶ．

1.2 現在価値法と裁定取引

よく使われる現在価値法で評価した将来の価値に，裁定取引が存在するかどうかを単純な例で考えてみよう．

現在の株価 S_0 が 1 単位当たり 10 円で，1 期後に $S_1(\omega_u)$ =15 円あるいは $S_1(\omega_d)$ =5 円のどちらかになるとしよう．株価が 1 期後に上がる事象を ω_u，下がる事象を ω_d と記す．株価が上がる確率が $P(\omega_u) = 5/6$，下がる確率が $P(\omega_d) = 1/6$ とする．確率空間は $(\Omega, \mathcal{F}, P)$ であり，$\Omega = \{\omega_u, \omega_d\}$ であるから，そのシグマ集合体[*1)]は $\mathcal{F} = \{\{\omega_u\}, \{\omega_d\}, \Omega, \phi\}$ である．さらに 1 期間の金利 r を 25%とし，預金も借入も同じ利率と仮定する．

さて，満期 T が 1 期後で行使価格 K が 10 円のヨーロッパ型コールオプショ

[*1)] シグマ集合体については p.60 参照．

ンの価格を考えてみよう．このオプションの所有者は，1期後に株価が15円のときに10円でオプション発行者から購入する権利を行使し，その株を市場で売却すると5円の利益が生まれる．一方，株価が5円のときは権利行使しないので受取利益はない．つまりオプション所有者は ω_u のとき5円，ω_d のときに0円のペイオフがある．

このペイオフと同じになる株と預金の保有数を計算してみよう．株の保有数を x 単位，預金額を y 円とする．このポートフォリオの価値 V_0 は

$$V_0 = 10x + y$$

である．1期後に株が上昇したときの価値とオプションのペイオフが等しいとすると

$$15x + 1.25y = 5$$

であり，下がったときには

$$5x + 1.25y = 0$$

である．この連立方程式の解から，株は $x = 1/2$ 単位買い，$y = -2$ であるから，2円の借入をするポートフォリオとわかる．したがって，初期の価値は

$$V_0 = 10 \times \frac{1}{2} - 2 = 3$$

である．

さて，このコールオプションについて現在価値 C_0 を利子率25%で計算してみよう．

$$C_0 = \frac{E[C_1(\omega)]}{1+r} = \frac{C_1(\omega_u)P(\omega_u) + C_1(\omega_d)P(\omega_d)}{1+r}$$

であり，1期後のオプションのペイオフは株が上がったとき $C_1(\omega_u) = 5$ であり，下がったとき $C_1(\omega_d) = 0$ である．ゆえに

$$C_0 = \frac{1}{1.25}\left(5 \times \frac{5}{6} + 0\right) = \frac{10}{3}$$

であり，同じ1期後のペイオフが等しいポートフォリオよりこのコールオプションの現在価値法の価格は1/3円高い．

1期後にまったく同じペイオフの2つの現在価値が異なる場合には，裁定取

引は次のようにして可能となる．価格が 10/3 円のコールオプションを売り，株を 1/2 単位買い，借金を 2 円する．この結果，$10/3 - 10 \times 1/2 + 2 = 1/3$ 円が手元に残る．

1 期後の株価が 10 円以上と未満との場合に分けてペイオフを検討しよう．

(1) 株価が 15 円のとき

オプションは行使され，行使価格の 10 円を受け取る．株は 1/2 単位を 15 円で買い，すでにもっている 1/2 とあわせて 1 単位をオプションを買ってくれた人に渡さねばならない．さらに，借金の元利合計 2.5 円も返済しなければならない．したがって，これらの合計は

$$10 - 15 \times \frac{1}{2} - 2.5 = 0$$

となる．

(2) 株価が 5 円のとき

オプションは行使されず，すでにもっている株の 1/2 単位を 5 円で売る．さらに，借金の元利合計 2.5 円を返済する．したがって，これらの合計は

$$5 \times \frac{1}{2} - 2.5 = 0$$

となる．

結局，このポートフォリオは初期投資額 0 で 1 期後に元利合計の $1/3 \times 1.25 = 5/12$ 円をリスクなしで手にすることになる．初期投資額は 0 円であるから，以上のポートフォリオをできるだけ多く保有しようとする．つまり，このオプションの売りが多量に発生する．その結果はオプションの価格が 3 円になるまで売りが続き，3 円になると利益がなくなり価格は安定する．安定するまでの期間は裁定取引が存在し続ける．

ところで，株価を現在価値法では

$$S_0 = \frac{E[S_1(\omega)]}{1+r} \tag{1.2}$$

であるから，割引率を利子率の 25% とすると

$$S_0 = \frac{1}{1.25}\left(15 \times \frac{5}{6} + 5 \times \frac{1}{6}\right) = \frac{32}{3}$$

となり，現実の株価10円と等しくない．現在価値法を成り立たせるためには2つの方法がある．第1の方法では割引率を25%ではなく，その危険度を割引率に反映するやり方である．現在価値が10円になる割引率を求めると，33.3%となる．25%との差1/12をリスクプレミアムとよぶ．ところが，このリスクプレミアムを考慮した割引率でコールオプションを計算してみると，

$$C_0 = \frac{3}{4}\left(5 \times \frac{5}{6} + 0\right) = \frac{25}{8}$$

となり，裁定取引がない価格3円よりまだ1/8円高い．

一方，コールオプションが3円になるリスクプレミアムを求めると5/36であり，株のリスクプレミアムより1/18大きい．つまり，株よりもリスクが大きいことを表している．これはオプションが株を1/2単位保有し，借金を2円しているポートフォリオであるから，金利を支払う以上に株が値上がりしないなら，オプションの価値が下がるリスクがあることによる．したがって，株のリスクプレミアムを用いた現在価値法でオプションの価格を計算することはできない．

第2の方法は，確率を変える方法である．いま，株価が上がる確率をp，下がる確率をqと記すと，割引率25%の現在価値法は

$$10 = \frac{1}{1.25}(15p + 5q)$$

であり，$q = 1 - p$を用いると$p = 3/4$, $q = 1/4$となる．この新しい確率を

$$Q(\omega_u) = \frac{3}{4}, \quad Q(\omega_d) = \frac{1}{4}$$

と定義する．この確率を用いた確率変数Xに対する期待値を$E_Q[X]$と記すと，コールオプションの割引率25%の現在価値は

$$\frac{E_Q[C_1(\omega)]}{1+r} = \frac{C_1(\omega_u)P(\omega_u) + C_1(\omega_d)P(\omega_d)}{1+r} = \left(5\frac{3}{4} + 0\right)/1.25 = 3$$

となり裁定取引の存在しない価格が求められる．この裁定取引のできない価格を決める新しい確率が，デリバティブ理論のキーポイントである．この確率を**リスク中立確率**あるいは**マルチンゲール確率**とよぶ．

リスク中立確率の存在が，裁定取引がないことの必要十分条件であることを

示すことが本書のねらいであるが，それを最も単純な例でその存在を示してみよう．

1.2.1 無裁定条件とリスク中立確率

上がると u 倍になり下がると d 倍になる株を考える．したがって，1 期後の株価は uS_0 か dS_0 である．株を x 単位，貯金を y 円保有するポートフォリオの価値は

$$V_0 = S_0 x + y$$

であり，1 期後に株が上がったときの価値を V_u，下がったときの価値を V_d とすると，

$$\begin{aligned} V_u &= uS_0 x + y(1+r) \\ V_d &= dS_0 x + y(1+r) \end{aligned} \tag{1.3}$$

となるから，$x = (V_u - V_d)/((u-d)S_0)$ であり，$y = (uV_d - dV_u)/\{(1+r)(u-d)\}$ となる．これを初期のポートフォリオの価値に代入すると，

$$\begin{aligned} V_0 &= \frac{V_u - V_d}{u-d} + \frac{1}{1+r} \frac{uV_d - dV_u}{u-d} \\ &= \frac{1}{1+r} \left\{ \frac{1+r-d}{u-d} V_u + \frac{u-(1+r)}{u-d} V_d \right\} \end{aligned}$$

となる．しかも，

$$\frac{1+r-d}{u-d} + \frac{u-(1+r)}{u-d} = 1$$

であり，$Q(\omega_u) = (1+r-d)/(u-d), Q(\omega_d) = (u-(1+r))/(u-d)$ とおくと，$u > 1+r > d$ のときには，それぞれは正であり，和が 1 である．したがって $Q(\omega)$ は確率の定義を満たす．初期資産は 1 期先のポートフォリオの価値 V_u, V_d のそれぞれの確率 $Q(\omega_u), Q(\omega_d)$ による期待値を $1+r$ で割った値になっている．

なぜ，現実に観測される確率 P と異なる確率 Q が裁定取引がない条件に出てくるのかをさらに考えてみよう．

式 (1.3) の両辺を $1+r$ で割った連立方程式をベクトルで表すと，

1.2 現在価値法と裁定取引

$$\begin{pmatrix} V_u/(1+r) \\ V_d/(1+r) \end{pmatrix} = \begin{pmatrix} uS_0/(1+r) & 1 \\ dS_0/(1+r) & 1 \end{pmatrix} \begin{pmatrix} x \\ y \end{pmatrix}$$

この解から初期投資額を求めると,

$$V_0 = (S_0, 1) \begin{pmatrix} uS_0/(1+r) & 1 \\ dS_0/(1+r) & 1 \end{pmatrix}^{-1} \begin{pmatrix} V_u/(1+r) \\ V_d/(1+r) \end{pmatrix}$$

裁定取引がないときは,同時にゼロにならない非負の将来の価値は初期投資が正でなければならない.つまり,無裁定条件は同時にゼロでない $V_u \geq 0$, $V_d \geq 0$ に対して,$V_0 > 0$ でなければならない.

いま,

$$(S_0, 1) \begin{pmatrix} uS_0/(1+r) & 1 \\ dS_0/(1+r) & 1 \end{pmatrix}^{-1} = (Q(\omega_u), Q(\omega_d))$$

とおくと,

$$V_0 = (Q(\omega_u), Q(\omega_d)) \begin{pmatrix} V_u/(1+r) \\ V_d/(1+r) \end{pmatrix}$$

であるから,同時にゼロでない $V_u \geq 0$, $V_d \geq 0$ に対して,$V_0 > 0$ であるためには $Q(\omega_u) > 0, Q(\omega_d) > 0$ である.

明らかに,

$$(S_0, 1) = (Q(\omega_u), Q(\omega_d)) \begin{pmatrix} uS_0/(1+r) & 1 \\ dS_0/(1+r) & 1 \end{pmatrix}$$

から $Q(\omega_u) + Q(\omega_d) = 1$ となり,Q は確率である.さらに,

$$S_0 = \frac{uS_0}{1+r} Q(\omega_u) + \frac{dS_0}{1+r} Q(\omega_d) = E_Q \left[\frac{S_1(\omega)}{1+r} \right]$$

であり,この確率が相対価格をマルチンゲール[*2)]にすることが明らかになる.一般的に,確率 Q の存在が裁定取引がないことの必要十分条件であることを,以降の章で詳しく示すことにする.

[*2)] マルチンゲールについては p.68 参照.

1.2.2 リスク中立確率とリスクプレミアム

株式のリスクプレミアムとオプションのリスクプレミアムがなぜ異なるか，効用関数から考えてみよう．

株価の期待値を金利で割引いた現在価値である式 (1.2) においてリスク中立確率 $Q(\omega)$ を用いると現在の株価に等しいから，

$$S_0(1+r) = E_Q[S_1(\omega)]$$

と表せる．つまり，確率 Q の下では1期後の株価の期待値は預金金利でしか増えない．株のリスクに対して中立的（無関心な）確率であることが，Q をリスク中立確率とよぶ理由である．

一方，市場のデータから観察される確率 P の下では，1期後株価の期待値は預金金利にリスクプレミアム λ を加えた率で，

$$S_0(1+r+\lambda) = E[S_1(\omega)] \tag{1.4}$$

増加する．これは株を買う人が，確実な預金より確率 P で起こる事象のリスクに対して，プレミアム λ がないと購入しないという選択の結果である．

リスクプレミアムを効用関数から説明してみよう．1期後の株価 S_1 のときの効用が $u(S_1)$ であるとする．効用関数は価格が高いほうが嬉しいので非減少関数であり，

$$u(S_1(\omega_d)) \leq u(S_1(\omega_u))$$

である．さらに効用関数が**リスク回避的**であるとは，

$$u(E[S_1(\omega)]) > E[u(S_1(\omega))]$$

が成り立つことであり，効用関数が**リスク中立的**であるとは，

$$u(E[S_1(\omega)]) = E[u(S_1(\omega))]$$

が成り立つことである．つまり，リスク回避的な人々は株価 $S_1(\omega_u)$ と $S_1(\omega_d)$ の期待値を確実に受け取る効用のほうが，$S_1(\omega_u)$ を受け取る効用かあるいは $S_1(\omega_d)$ を受け取る効用の期待値よりも大きい．いま図1.5にあるように，リスキーな投資の期待値に効用が等しくなる1期先の価値を S_* とすると，

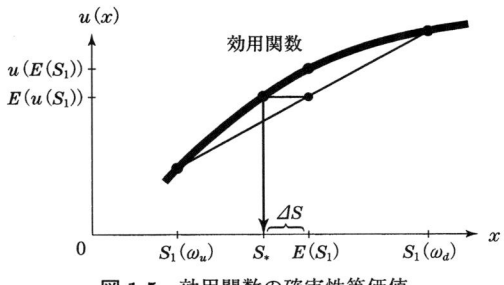

図 1.5 効用関数の確実性等価値

$$u(S_*) = E[u(S_1(\omega))]$$

を満たす．この S_* は**確実性等価値**とよばれる．リスキーな投資の期待値と確実性等価値の差 $\Delta S = E[S_1(\omega)] - S_*$ がリスクプレミアム額である．またリスクプレミアムはその初期投資に対する比率 $\lambda = \Delta S/S_0$ である．

現在の株価 10 円が 1 期後に 15 円か 5 円になる前項の例で再び考えてみよう．確率 P での期待値は

$$E[S_1(\omega)] = 15 \times \frac{5}{6} + 5 \times \frac{1}{6} = \frac{80}{6}$$

であり，確実性等価値は初期投資額を安全資産で運用した額に等しいから，$S_* = S(1+r) = 10 \times 5/4 = 50/4$ したがって，リスクプレミアム額は

$$\Delta S = \frac{80}{6} - \frac{50}{4} = \frac{10}{12}$$

となり，リスクプレミアムは

$$\lambda = \frac{\Delta S}{S} = \frac{10}{12} \div 10 = \frac{1}{12}$$

となって 1.2 節で求めた株のリスクプレミアムの値 1/12 と一致する．同様に，オプションのリスクプレミアムも 5/36 である．

さらに，2.2.4 項で紹介する確率的割引率を用いると，確率 P の下での期待値が現在の株価に等しくなる．

1期間モデル

2.1 裁定取引と線形計画法

裁定取引を線形計画法で考えよう．ここでは各資産への投資額についての問題を考える．資産の投資数量を変数にするアプローチは次節以降とする．投資対象を株式と国債とする．株価の現在と1期後を，それぞれ $S_0, S_1(\omega)$ とする．現在の株価 S_0 は既知であるが，1期後の株価 $S_1(\omega)$ は未知であり，確率変数とする．株価は上昇の状態 ω_1 のとき $S_1(\omega_1)$ となり，下落の状態 ω_2 のときに $S_1(\omega_2)$ となるとする．確率変数 $S(\omega)$ は，確率空間 $(\Omega, \mathcal{F}, P)$ 上で定義され，$\Omega = \{\omega_1, \omega_2\}$ が標本空間，$\mathcal{F}$ はシグマ集合体，P は確率測度である．したがって，株価は上がるか下がるの2状態しかなく，その確率はそれぞれ $P(\omega_1), P(\omega_2)$ となる．

一方国債に対して，1期後に満期になる国債の時点 t における価格を $B(t,1)$ とすると，現在の価格は $B(0,1)$ で確率変数でない．満期時点までの価格 $B(t,1)$ は確率変数であるが，満期には国債は必ず額面が返済されるから $B(1,1) = 1$ である．国債の収益率を r とすると，

$$\frac{B(1,1)}{B(0,1)} = 1+r$$

であるから，$B(0,1) = 1/(1+r)$ である．

株式を総額 x 円売買し，国債も y 円だけ売買する[*1]．このポートフォリオの1期後の価値 $V(\omega)$ は，それぞれの倍率を掛けて

[*1] 株の売買数は x/S_0，国債の売買数は $y(1+r)$ である

$$\begin{pmatrix} V(\omega_1) \\ V(\omega_2) \end{pmatrix} = \begin{pmatrix} S_1(\omega_1)/S_0 \\ S_1(\omega_2)/S_0 \end{pmatrix} x + \begin{pmatrix} 1+r \\ 1+r \end{pmatrix} y$$

になる.

　上がる状態 ω_1 を横軸に，下がる状態 ω_2 を縦軸にとると株式のベクトル $\mathbf{S} = (S_1(\omega_1)/S_0, S_1(\omega_2)/S_0)^\top$ と国債のベクトル $\mathbf{R} = (1+r, 1+r)^\top$ は図 2.1 のとおりとなる. 株式への投資額も国債への投資額も正 $x>0, y>0$ であれば，1 期後のポートフォリオの価値はベクトル $\mathbf{S}$ とベクトル $\mathbf{R}$ に挟まれた錘 A1 の 1 点になる. $x>0, y<0$ であれば，x 円株式を購入し，y 円国債を売却する場合となる. この国債を空売りしたときの 1 期後ポートフォリオの価値は錘 A2 の 1 点になる. また，同様に y 円国債を購入しに x 円株式を売却する場合が錘 A3 の 1 点になる.

　いま，購入した担保価値と等しいだけ株または国債を空売りした場合には，このポートフォリオの投資に必要な資金はゼロである. 株を x 円だけ購入し，国債を x 円空売りする. このときの 1 期後のポートフォリオの価値は

$$x \frac{S_1(\omega)}{S_0} - x(1+r) = x \left(\begin{pmatrix} S_1(\omega_1)/S_0 \\ S_1(\omega_2)/S_0 \end{pmatrix} - \begin{pmatrix} 1+r \\ 1+r \end{pmatrix} \right)$$

であり，ベクトル $\mathbf{S}$ とベクトル $\mathbf{R}$ の差のベクトルである. A3 の場合におけるゼロ投資は，このベクトルの原点対称である.

　投資額ゼロの 1 期後ポートフォリオの価値は図 2.1 の太線 $\mathcal{K}$ 上の 1 点になる.

2.1.1 裁 定 取 引

裁定取引 (arbitrage) とは，初期投資額はゼロであるが将来のある状態で正の価値を生み出すという取引である. つまり初期投資額 $V_0 = x + y = 0$ から，1 期後の任意の状態で $V(\omega) \geq 0$ となることが裁定取引である. ただし，すべての状態で $V(\omega) = 0$ であるときは裁定取引とはいわない.

　第 1 象限の原点以外の値をとる領域を $R_+^2 \setminus \{O\}$ と記すと，ゼロ投資の 1 期後のポートフォリオの価値 $\mathcal{K}$ とその共通部分が存在することが裁定取引である. したがって，裁定取引は $\mathcal{K} \cap R_+^2 \setminus \{O\}$ が空集合でないと定義する.

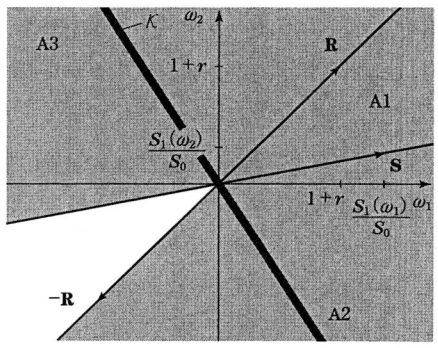

図 2.1 状態空間とポートフォリオの価値

図 2.1 において，たとえば，(i) $S_1(\omega_2)/S_0 = 1+r$ のときは，ポートフォリオの価値 $\mathcal{K}$ は ω_1 の軸の正の部分と重なる．したがって，買った株と同額の国債を売るゼロの投資から，株価が上がったときは価値を生み出せる．

まったく同様に，(ii) $S_1(\omega_1)/S_0 = 1+r$ のときは，ポートフォリオの価値 $\mathcal{K}$ は ω_2 の軸の正の部分と重なる．したがって，株を売った額だけ国債を買う取引によって，ゼロ投資から株価が下がったときに価値を生み出せる．

ゼロの投資から価値を生む取引は，その取引を多くすればするほど生み出す価値が増えるわけであるから，(i) の例では国債が売られ，株式が買われる．その結果，S_0 が上昇し，その収益率 $S_1(\omega_1)/S_0 - 1$ が下落し，国債の収益率に等しくなる状態で裁定取引ができなくなり，株と国債の価格が均衡する．(ii) の例でも株 $S_1(\omega_2)/S_0$ が $1+r$ に等しくなり，裁定取引機会が消滅し，価格は均衡する．

一般的に市場の均衡状態では裁定取引は存在し得ない．市場の均衡価格はこの裁定取引が存在しない条件を満たさなければらない．これを**無裁定取引条件** (no-arbitrage condition) とよぶ．省略して NA とも記す．したがって，無裁定取引条件は状態の数が m の場合には．

$$\mathcal{K} \cap R_+^m \setminus \{O\} = \phi \quad (\text{空集合})$$

と定義される．

株価が上昇か下落の 2 状態の場合，NA では 1 期間後の株価が

$$\frac{S_1(\omega_1)}{S_0} > 1+r > \frac{S_1(\omega_2)}{S_0} \tag{2.1}$$

を満たさなければならない．この条件が成り立てば，$Q(\omega_1) > 0$ および $Q(\omega_2) > 0$ を保証する．

ここまでの議論は x, y を株式と国債の購入金額としてモデル化してきた．さらに，購入金額はその価格と数量の積であるから，取引数量をモデル化して無裁定取引条件とリスク中立確率の関係を線形計画法で考えてみよう．

2.1.2 取引数量モデルと線形計画法

国債の保有数と株式の保有数をそれぞれ x^0, x^1 とすると，現在の保有資産の合計価値は $B(0,1)x^0 + S_0 x^1$ となる．

1期後に株価が上がる状態 ω_1 のポートフォリオの価値は $B(1,1) = 1$ から

$$B(1,1)x^0 + S_1(\omega_1)x^1 = x^0 + S_1(\omega_1)x^1$$

同様に，1期後に株価が下がる状態 ω_1 のポートフォリオの価値は

$$x^0 + S_1(\omega_2)x^1$$

である．図 2.1 のようにベクトルで表すと，1期後の価値は

$$\begin{pmatrix} V(\omega_1) \\ V(\omega_2) \end{pmatrix} = \begin{pmatrix} 1 \\ 1 \end{pmatrix} x^0 + \begin{pmatrix} S_1(\omega_1) \\ S_1(\omega_2) \end{pmatrix} x^1$$

である．初期資産ゼロは $B(0,1) = 1/(1+r)$ より，

$$\frac{x^0}{1+r} + S_0 x^1 = 0$$

であるから，国債 x^0 単位の保有に対して株式保有数は $x^1 = -x^0/((1+r)S_0)$，つまり空売りとなる．初期資産ゼロから生まれる1期後のポートフォリオの価値を図 2.2 に $\mathcal{K}$ として記した．2.1.1 項と同様に考えると，裁定取引機会のない条件は

$$\frac{S_1(\omega_1)}{(1+r)S_0} > 1 > \frac{S_1(\omega_2)}{(1+r)S_0} \tag{2.2}$$

であり，明らかに式 (2.1) と同じである．

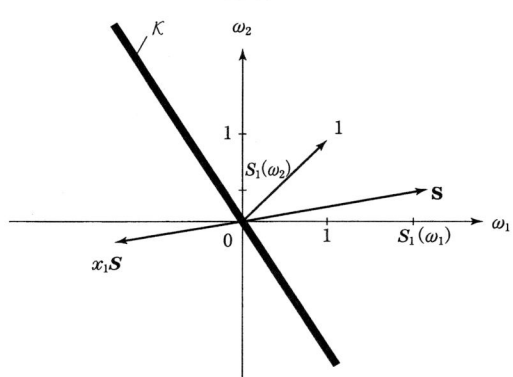

図 2.2 取引数量と初期投資ゼロベクトル

裁定取引ができればリスクなしで儲かるわけであるから，その取引数量を求めるため線形計画問題を考えてみよう．株価が上昇したとき a 儲かり，下がったとき b 儲かるための株と国債の売買数を求めたい．任意の同時にゼロでない非負の数 a,b に対して，線形計画問題は

$$\begin{aligned}
\min \quad & \frac{x^0}{1+r} + S_0 x^1 \\
s.t. \quad & x^0 + S_1(\omega_1) x^1 \geq a \\
& x^0 + S_1(\omega_2) x^1 \geq b
\end{aligned}$$

であり目的関数の最小値がゼロ以下であれば裁定取引の株と債券の売買数が求められる．売買数は非負でないから，国債の取引数は購入数と売却数に対する非負変数 x^0_+, x^0_- を用いて $x^0 = x^0_+ - x^0_-$ とし，同様に株に対しても購入と売却数の非負変数 x^1_+, x^1_- を用いて $x^1 = x^1_+ - x^1_-$ とできる．したがって，変数に非負条件のある線形計画問題は目的関数を $1+r$ 倍しても最適売買数は変わらないから，

$$\begin{aligned}
\min \quad & x^0_+ - x^0_- + S_0(1+r) x^1_+ - S_0(1+r) x^1_- \\
s.t. \quad & x^0_+ - x^0_- + S_1(\omega_1) x^1_+ - S_0(1+r) x^1_- \geq a \\
& x^0_+ - x^0_- + S_1(\omega_2) x^1_+ - S_0(1+r) x^1_- \geq b
\end{aligned} \quad (2.3)$$

となる．この線形計画問題に最適解が存在するかは以下の双対定理[*2]から明らかになる．

双対定理

定理 2.1 主問題

$$\min \mathbf{c}^\top \mathbf{x}$$
$$A\mathbf{x} \geq \mathbf{b}$$
$$\mathbf{x} \geq 0$$

双対問題

$$\max \mathbf{b}^\top \mathbf{u}$$
$$A^\top \mathbf{u} \leq \mathbf{c}$$
$$\mathbf{u} \geq 0$$

主問題にも双対問題にも最適解があるときは，目的関数は一致し

$$\mathbf{c}^\top \mathbf{x} = \mathbf{b}^\top \mathbf{u}$$

である．

主問題 (2.3) の双対問題は

$$\begin{aligned}
\max \quad & au_1 + bu_2 \\
\text{s.t.} \quad & u_1 + u_2 \leq 1 \\
& -u_1 - u_2 \leq -1 \\
& S_1(\omega_1)u_1 + S_1(\omega_2)u_2 \leq S_0(1+r) \\
& -S_1(\omega_1)u_1 - S_1(\omega_2)u_2 \leq -S_0(1+r)
\end{aligned} \quad (2.4)$$

となり，この双対問題は不等式の符号が消し合うから簡潔に

$$\begin{aligned}
\max \quad & au_1 + bu_2 \\
\text{s.t.} \quad & u_1 + u_2 = 1 \\
& S_1(\omega_1)u_1 + S_1(\omega_2)u_2 = S_0(1+r) \\
& u_1, u_2 \geq 0
\end{aligned} \quad (2.5)$$

[*2] 古林 [27] を参照．

と書ける．制約条件が等式であるから，ただ 1 つの解が存在し，$u_1, u_2 \geq 0$ を満たすならば，最大値はその解を代入するだけである．ただ 1 つの解が存在するためには，係数行列の逆行列が存在しなければならない．つまり，$S_1(\omega_1) \neq S_1(\omega_2)$ である．

式 (2.5) の連立方程式の解は，

$$u_1^* = \frac{S_0(1+r) - S_1(\omega_2)}{S_1(\omega_1) - S_1(\omega_2)}$$

$$u_2^* = \frac{S_1(\omega_1) - S_0(1+r)}{S_1(\omega_1) - S_1(\omega_2)}$$

であり，これらが非負である条件は上がるか下がるかの事象として $S_1(\omega_1) > S_1(\omega_2)$ と仮定したので，$S_1(\omega_1) \geq S_0(1+r) \geq S_1(\omega_2)$ となる．さらに，$S_1(\omega_1) > S_1(\omega_2)$ と仮定しているから以下の 3 ケースが成り立つ．

(1) $S_1(\omega_1) > S_0(1+r) > S_1(\omega_2)$，この条件は (2.2) と一致している．$u_1^* > 0, u_2^* > 0$ である．

(2) $S_1(\omega_1) = S_0(1+r) > S_1(\omega_2)$ のとき，$u_1^* = 1, u_2^* = 0$ である．

(3) $S_1(\omega_1) > S_0(1+r) = S_1(\omega_2)$ のとき，$u_1^* = 0, u_2^* = 1$ である．

となる．

双対定理から解が存在すると主問題の目的関数値と双対問題の目的関数値は一致することから，双対問題最大値は，同時にゼロでない非負の数 a, b に対して，(1) の場合は $u_1, u_2 > 0$ であるから，

$$au_1^* + bu_2^* > 0$$

となる．したがって，主問題の最小投資額は正であり，裁定取引はできない．

ところが，(2) の場合，$u_1^* = 1, u_2^* = 0$ であり，$a = 0, b > 0$ ととると，双対問題の目的関数は $au_1^* + bu_2^* = 0$ であるから，主問題の最小値はゼロになり，投資額ゼロで 1 期後に任意の正の額 b を受け取ることができる．$S_1(\omega_1) = S_0(1+r)$ のときは，株を空売りして国債を買うと，株が下がったときに，裁定取引になる．

(3) の場合は，同様に $u_1^* = 0, u_2^* = 1$ であり，$a > 0, b = 0$ ととると，借金をして株を買うことによって，裁定取引となる．

したがって，(i) の場合のみが裁定取引は存在しない．裁定取引が存在しない

2.1 裁定取引と線形計画法

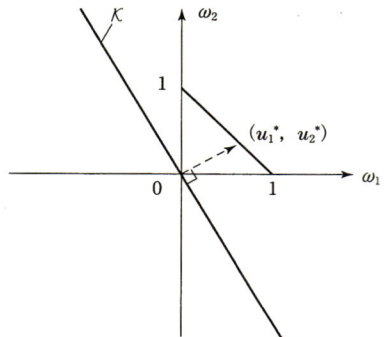

図 2.3 初期投資ゼロベクトルと無裁定条件

ときには双対問題 (2.5) の解が

$$u_1^* > 0, \quad u_2^* > 0$$

でなければならない．

以上をまとめると，$u_1^*, u_2^* \geq 0$ かつ $u_1^* + u_2^* = 1$ は確率であるための条件であるが，正である条件が無裁定条件であり，この正である確率が次項で紹介する同値確率とよばれる．

ベクトル空間 $\mathcal{K}$ と解 (u_1^*, u_2^*) の幾何学的関係を考えてみよう．図 2.3 には，この双対制約条件と初期投資ゼロの 1 期後の価値ベクトル $\mathcal{K}$ を状態空間上に記している．図 2.2 から明らかなように $\mathcal{K}$ は $\mathbf{1} - \mathbf{S}/(S_0(1+r))$ が張る空間である．ただし，$\mathbf{S} = (S_1(\omega_1), S_1(\omega_2))^\top$ である．$\mathcal{K}$ のベクトルと解ベクトル (u_1^*, u_2^*) との内積は

$$\left(1 - \frac{S_1(\omega_1)}{S_0(1+r)}\right) \frac{S_0(1+r) - S_1(\omega_2)}{S_1(\omega_1) - S_1(\omega_2)} + \left(1 - \frac{S_1(\omega_2)}{S_0(1+r)}\right) \frac{S_1(\omega_1) - S_0(1+r)}{S_1(\omega_1) - S_1(\omega_2)} = 0$$

となり，解ベクトルと $\mathcal{K}$ は直交する．したがって，無裁定取引条件は，初期投資ゼロの 1 期後ポートフォリオ価値の空間 $\mathcal{K}$ に直交するベクトルが第 1 象限の内側にあり，座標軸上に現れないことである．しかも，リスク中立確率は

$u_1 + u_2 = 1$ とこの直交するベクトルとの交点である．したがって，無裁定取引条件は，ベクトル空間 $\mathcal{K}$ に直交するベクトルと $u_1 + u_2 = 1$ との交点が正領域に存在するかどうかによって判定できる．

2.1.3 同値確率測度

1期後の株価 $S_1(\omega)$ は 2.1 節で述べたように，確率空間 $(\Omega, \mathcal{F}, P)$ 上に定義された確率変数であり，株価が上がる状態 ω_1 の確率は $P(\omega_1)$ であり，下がる状態 ω_2 の確率は $P(\omega_2)$ である．この確率測度 P と**同値な確率測度** Q とは，確率 P で起こらない事象は確率 Q でも起こらなく，逆も成り立つことである．つまり，

$$\forall A \in \mathcal{F}, \quad P(A) = 0 \leftrightarrow Q(A) = 0$$

である．連立方程式 (2.5) の解 (u_1, u_2) が正であれば，$u_1^* = Q(\omega_1), u_2^* = Q(\omega_2)$ とできる．なぜなら，$u_1^* + u_2^* = 1$ であり，かつ

$$P(A) = 0 \leftrightarrow Q(A) = 0$$

すでに前項で述べたとおり，裁定取引機会がある $\mathcal{K}$ が座標軸と重なるとき，つまり $u_1^* = 1, u_2^* = 0$ のとき，$Q(\omega_1) = 1, Q(\omega_2) = 0$ であり，$P(\omega_1) \neq 0, P(\omega_2) \neq 0$ であるから，Q は P と同値でない．$u_1^* = 0, u_2^* = 1$ も同様に同値確率測度ではない．しかし，$u_1^* + u_2^* = 1$ 上のすべての点 $(u_1^*, u_2^*) \in (0, 1) \times (0, 1)$ は P と同値な確率測度である．

連立方程式 (2.5) のもう 1 つの式から，

$$S_0(1+r) = S_1(\omega_1)u_1 + S_1(\omega_2)u_2$$

$B(0, 1) = 1/(1+r), B(1, 1) = 1$ から

$$\frac{S_0}{B(0,1)} = \frac{S_1(\omega_1)}{1} Q(\omega_1) + \frac{S_1(\omega_2)}{1} Q(\omega_2)$$
$$= E_Q \left[\frac{S_1(\omega)}{B(1,1)} \right]$$

である．株価を国債価格で割った 1 期後の相対価格 $S_1(\omega)/B(1, 1)$ に対して確

率測度に Q を用いた期待値は現在の相対価格 $S_0/B(0,1)$ に等しい．第 3 章で厳密に定義するが，期待値が時間進行しても同じ値をとるものを**マルチンゲール**という．マルチンゲールになる P と同値な確率測度を**同値マルチンゲール確率測度**とよぶ．

したがって，裁定取引機会のないときには，1 期後の株価の同値マルチンゲール確率による期待値は，現在の株価に相当する額の国債を運用したものに等しい．言い換えれば，この確率測度の下では株式と国債の収益率が等しくなる．一般的に確率測度 P の下では，株式は国債よりリスクが大きく高収益率になっている．しかし，

$$S_0(1+r) = E_Q[S_1(\omega)]$$

となり，Q の下では株も国債も等しくなる．これが，Q が**リスク中立確率** (risk-neutral probability measure) ともよばれる所以である．

2.1.4 裁定取引がないときの資産価格の決定

主問題の制約条件を $(1+r)$ で割った場合の双対問題の目的関数 $(au_1 + bu_2)/(1+r)$ を考えてみよう．裁定取引機会が存在しないとき，1 期後に状態 ω_1 で a のペイオフがあり，状態 ω_2 で b のペイオフがある投資を確率変数 $X(\omega)$ とする．つまり，$X(\omega_1) = a, X(\omega_2) = b$ とすると，その投資額は

$$\frac{a}{1+r}u_1^* + \frac{b}{1+r}u_2^* = E_Q\left[\frac{X(\omega)}{1+r}\right]$$

で求められる．初期投資額は，その 1 期後のペイオフの現在価値に対して確率 Q を用いた期待値によって，決定され，

$$E_Q\left[\frac{X(\omega)}{1+r}\right] = B(0,1)x^0 + S_0 x^1$$

となる．1 期後の状態ごとのペイオフが a, b と与えられているので，株と国債の売買数は，最適解が存在するとき，相補条件から式 (2.3) の主問題を等式制約にした連立方程式の解

$$\begin{pmatrix} x_*^0 \\ x_*^1 \end{pmatrix} = \begin{pmatrix} 1 & S_1(\omega_1) \\ 1 & S_1(\omega_2) \end{pmatrix}^{-1} \begin{pmatrix} a \\ b \end{pmatrix}$$

である．現在の取引数として代入すると

$$B(0,1)x_*^0 + S_0 x_*^1 = \left(\frac{1}{1+r}, S_1\right) \begin{pmatrix} x_*^0 \\ x_*^1 \end{pmatrix}$$

$$= \left(\frac{1}{1+r}, S_1\right) \begin{pmatrix} 1 & S_1(\omega_1) \\ 1 & S_1(\omega_2) \end{pmatrix}^{-1} \begin{pmatrix} a \\ b \end{pmatrix}$$

スカラーであるから転置をすると

$$= \frac{1}{1+r}(a,b) \begin{pmatrix} 1 & 1 \\ S_1(\omega_1) & S_1(\omega_2) \end{pmatrix}^{-1} \begin{pmatrix} 1 \\ S_1(1+r) \end{pmatrix}$$

式 (2.5) の解から

$$= \frac{1}{1+r}(a,b) \begin{pmatrix} u_1^* \\ u_2^* \end{pmatrix}$$

$X(\omega_1) = a, X(\omega_2) = b$ より

$$= E_Q\left[\frac{X(\omega)}{1+r}\right]$$

が確かめられる．

したがって，1 期後のペイオフはその現在価値に対して確率測度 Q の下での期待値を求めることによって，裁定取引のできない均衡価格が求められる．

2.1.5 相対価格プロセスとニューメレール

以上では満期が 1 期後の国債と株式を考えたが，ここでは国債がなく株式が 2 種類ありそれぞれの現在価格が (S_0^1, S_0^2) であるとする．確率空間は同じで $(\Omega, \mathcal{F}, P)$ とする．1 期後の第 1 株式の価格は $S_1^1(\omega)$，第 2 株式の価格は $S_1^2(\omega)$ であるとし，それぞれの売買数を x_1, x_2 とする．2.1.4 項と同様に主問題は

$$\begin{aligned} &\min \quad S_0^1 x_1 + S_0^2 x_2 \\ &s.t. \quad S_1^1(\omega_1)x_1 + S_1^2(\omega_1)x_2 \geq a \\ &\qquad\; S_1^1(\omega_2)x_1 + S_1^2(\omega_2)x_2 \geq b \end{aligned} \qquad (2.6)$$

である．第1の株価で割った $\{S^2/S^1\}$ 相対価格プロセスを考える．いま $S_1(\omega) > 0$ と仮定し，式 (2.6) をその相対価格で表すと，

$$\min \quad x_1 + \frac{S_0^2}{S_0^1}x_2$$
$$s.t. \quad x_1 + \frac{S_1^2(\omega_1)}{S_1^1(\omega_1)}x_2 \geq \frac{a}{S_1^1(\omega_1)}$$
$$x_1 + \frac{S_1^2(\omega_2)}{S_1^1(\omega_2)}x_2 \geq \frac{b}{S_1^1(\omega_2)}$$

その双対問題の制約式は次のようになる．

$$v_1 + v_2 = 1$$
$$\frac{S_1^2(\omega_1)}{S_1^1(\omega_1)}v_1 + \frac{S_1^2(\omega_2)}{S_1^1(\omega_2)}v_2 = \frac{S_0^2}{S_0^1}$$

NA は正のマルチンゲール確率 $v_1, v_2 > 0$ が存在することであるから，双対問題の解は

$$v_1^* = \frac{S_0^2/S_0^1 - S_1^2(\omega_2)/S_1^1(\omega_2)}{S_1^2(\omega_1)/S_1^1(\omega_1) - S_1^2(\omega_2)/S_1^1(\omega_2)}$$
$$v_2^* = \frac{S_1^2(\omega_2)/S_1^1(\omega_2) - S_0^2/S_0^1}{S_1^2(\omega_1)/S_1^1(\omega_1) - S_1^2(\omega_2)/S_1^1(\omega_2)}$$

から

$$\frac{S_1^2(\omega_1)}{S_1^1(\omega_1)} > \frac{S_1^2(\omega_2)}{S_1^1(\omega_2)} \text{のとき} \frac{S_1^2(\omega_1)}{S_1^1(\omega_1)} > \frac{S_0^2}{S_0^1} > \frac{S_1^2(\omega_2)}{S_1^1(\omega_2)}$$

であり，

$$\frac{S_1^2(\omega_1)}{S_1^1(\omega_1)} < \frac{S_1^2(\omega_2)}{S_1^1(\omega_2)} \text{のとき} \frac{S_1^2(\omega_1)}{S_1^1(\omega_1)} < \frac{S_0^2}{S_0^1} < \frac{S_1^2(\omega_2)}{S_1^1(\omega_2)}$$

である．

初期投資ゼロの条件から，集合 $\mathcal{K}$ は

$$x_2 = -\frac{S_0^1}{S_0^2}x_1$$

の関係を満たす．集合 $\mathcal{K}$ をベクトルで表すと，

$$1 - \frac{S_0^1}{S_0^2}\frac{\mathbf{S_1^2}}{\mathbf{S_1^1}}$$

である.ただしベクトルは $\mathbf{1} = (1,1)^\top, \mathbf{S}_1^1/\mathbf{S}_1^2 = (S_1^1(\omega_1)/S_1^2(\omega_1), S_1^1(\omega_2)/S_1^2(\omega_2))^\top$ とする.

(v_1^*, v_2^*) は明らかに,$\mathcal{K}$ のベクトルと直交する.

以上の同値確率を第 1 の株価で割った相対価格による確率という意味で,$Q_1(\omega_1) = v_1^*, Q_1(\omega_2) = v_2^*$ と記す.また,相対価格にするときの分母にくる資産価格をニューメレールという.したがって,S_1 をニューメレールとする P と同値な確率測度を Q_1 と記す.

Q_1 が相対価格プロセス $\{S^2/S^1\}$ をマルチンゲールとする同値確率であることは次のように明らかである.

$$E_{Q_1}\left[\frac{S_1^2(\omega)}{S_1^1(\omega)}\right] = \frac{S_1^2(\omega_1)}{S_1^1(\omega_1)}Q_1(\omega_1) + \frac{S_1^2(\omega_2)}{S_1^1(\omega_2)}Q_1(\omega_2)$$
$$= \frac{S_0^2}{S_0^1}$$

2.1.6 同値マルチンゲール確率測度と無裁定取引条件

前項の議論は相対価格プロセスを $S^1(\omega)/S^2(\omega)$ としてもまったく同様に成立する.Q_2 を S^2 をニューメレールとする同値マルチンゲール確率とする.したがって,$S^2(\omega) > 0$ が成り立つときには,同値マルチンゲール確率は

$$Q_2(\omega_1) = \frac{S_0^1/S_0^2 - S_1^1(\omega_2)/S_1^2(\omega_2)}{S_1^1(\omega_1)/S_1^2(\omega_1) - S_1^1(\omega_2)/S_1^2(\omega_2)}$$
$$Q_2(\omega_2) = \frac{S_1^1(\omega_2)/S_1^2(\omega_2) - S_0^1/S_0^2}{S_1^1(\omega_1)/S_1^2(\omega_1) - S_1^1(\omega_2)/S_1^2(\omega_2)}$$

である.ニューメレールとする資産価格によって,同値マルチンゲール確率は異なる.国債と第 1 株式だけ存在し,ニューメレールを国債にしたときリスク中立確率は Q であった.第 1 株式と第 2 株式だけが存在するときに,ニューメレールを第 1 株式にしたとき同値マルチンゲール確率は Q_1 であり,ニューメレールを第 2 株式にしたとき同値マルチンゲール確率は Q_2 であった.2 つの状態に対して,2 つの異なる資産が存在するときには,同値マルチンゲール確率がニューメレールごとにただ 1 つ存在し,無裁定条件となる.

いま，国債，第 1 株および第 2 株の 3 つが存在する場合の裁定取引を考えてみよう．それぞれの保有数を x_0, x_1, x_2 とすると，1 年後の初期投資ゼロのポートフォリオ価値の集合 $\mathcal{K}$ は，次の 3 式を条件とする．まず初期投資ゼロの条件は

$$\frac{1}{1+r}x_0 + S_0^1 x_1 + S_0^2 x_2 = 0 \tag{2.7}$$

である．1 年後の非負のペイオフを $a, b \geq 0$ とする．ただし，$a = b = 0$ の裁定取引でない場合を除いて，

$$x_0 + S_1^1(\omega_1)x_1 + S_1^2(\omega_2)x_2 = a \tag{2.8}$$

$$x_0 + S_1^1(\omega_2)x_1 + S_1^2(\omega_2)x_2 = b \tag{2.9}$$

式 (2.7)〜(2.9) の連立方程式の解が裁定取引の保有数である．したがって連立方程式の解が $a, b \geq 0$ に対して，存在しないことが無裁定取引条件となる．連立方程式の解が $a, b \geq 0$ に対して，存在しないことを示すために，再び線形計画で考えよう．

$$\begin{aligned}
\min \quad & \frac{1}{1+r}x_0 + S_0^1 x_1 + S_0^2 x_2 \\
s.t. \quad & x_0 + S_1^1(\omega_1)x_1 + S_1^2(\omega_2)x_2 \geq a \\
& x_0 + S_1^1(\omega_2)x_1 + S_1^2(\omega_2)x_2 \geq b
\end{aligned}$$

x_0, x_1, x_2 に非負制約条件がないので，2.1.2 項で述べたように，主問題の目的関数に $1 + r$ を掛けたものの双対問題は次の等式制約条件となる．

$$\begin{aligned}
\max \quad & au_1 + bu_2 \\
s.t. \quad & u_1 + u_2 = 1 & (2.10) \\
& \frac{S_1^1(\omega_1)}{S_0^1}u_1 + \frac{S_1^1(\omega_2)}{S_0^1}u_2 = 1 + r & (2.11) \\
& \frac{S_1^2(\omega_1)}{S_0^2}u_1 + \frac{S_1^2(\omega_2)}{S_0^2}u_2 = 1 + r & (2.12) \\
& u_1 \geq 0, \; u_2 \geq 0
\end{aligned}$$

制約条件 (2.10)〜(2.12) に解があるときはただ 1 点で交わる．したがって，リスク中立確率が

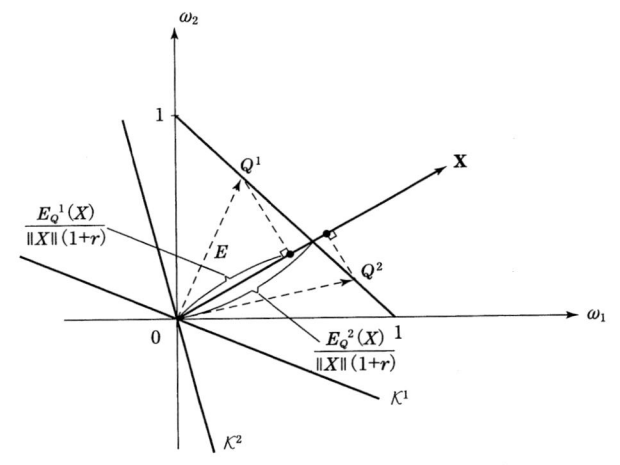

図 2.4 初期投資ゼロベクトルと裁定取引

$$Q(\omega_1) = \frac{S_0^1(1+r) - S_1^1(\omega_2)}{S_1^1(\omega_1) - S_1^1(\omega_2)} = \frac{S_0^2(1+r) - S_1^2(\omega_2)}{S_1^2(\omega_1) - S_1^2(\omega_2)}$$

$$Q(\omega_2) = 1 - Q(\omega_1)$$

である.ベクトル $(Q(\omega_1), Q(\omega_2))$ と直交する集合 $\mathcal{K}$ をベクトルで表すと,

$$1 - \frac{\mathbf{S_1^1}}{S_0^1(1+r)} \quad \text{または} \quad 1 - \frac{\mathbf{S_1^2}}{S_0^2(1+r)}$$

であり,これらは方向を除いて一致する.裁定取引ができない条件は

$$S_1^i(\omega_2) < (1+r)S_0^i < S_1^i(\omega_1), \quad i = 1, 2$$

であることは,このとき $Q(\omega_i) > 0$ から明らかである.

図 2.4 を見ながら,裁定取引ができる場合を考えてみよう.式 (2.10) と (2.11) の交点であるリスク中立確率測度を Q^1 とし,式 (2.10) と (2.12) の交点であるリスク中立確率測度を Q^2 とする.安全資産と第 1 株による 1 年後のゼロ投資の価値の空間を $\mathcal{K}^1$ とし,安全資産と第 2 株によるゼロ投資の 1 年後の価値を $\mathcal{K}^2$ とする.1 年後の任意のペイオフ $(X(\omega_1), X(\omega_2))$ に対する現在価格は Q^1 によれば $E_{Q^1}[X(\omega)]/(1+r)$, Q^2 によれば $E_{Q^2}[X(\omega)]/(1+r)$ であり,ベクトル $(X(\omega_1), X(\omega_2))$ に対するベクトル Q^1 と Q^2 の正射影の $\|X\|$ 倍である.

価格が等しくないとき，高いほうを売り安いほうを買うと1年後にはどちらの状態が起こっても，清算するとゼロになるから現在の価格差がリスクなしの利益となる．この価格差があるときは，国債と第1株式とのポートフォリオ

$$x_0 + S_1^1(\omega_1)x_1 = X(\omega_1)$$
$$x_0 + S_1^1(\omega_2)x_1 = X(\omega_2)$$

の解 x_0^{*1}, x_1^* を $(1/(1+r))x_0 + S_0^1 x_1$ に代入した現在価格 π^1 は

$$\pi^1 = \left(\frac{1}{1+r}, S_0^1\right)\begin{pmatrix} 1 & S_1^1(\omega_1) \\ 1 & S_1^1(\omega_2) \end{pmatrix}^{-1}\begin{pmatrix} X(\omega_1) \\ X(\omega_2) \end{pmatrix}$$

となるが，同様に国債と第2株式とのポートフォリオ x_0^{*2}, x_2^* から得られる現在価格 π^2 は

$$\pi^2 = \left(\frac{1}{1+r}, S_0^2\right)\begin{pmatrix} 1 & S_1^2(\omega_1) \\ 1 & S_1^2(\omega_2) \end{pmatrix}^{-1}\begin{pmatrix} X(\omega_1) \\ X(\omega_2) \end{pmatrix}$$

となる．もし，$\pi^1 > \pi^2$ ならば裁定取引戦略は π^1 を売り，π^2 を買う取引であるから国債，第1の株，第2の株の保有数は $(x_0^{*2} - x_0^{*1}, -x_1^*, x_2^*)$ となる．明らかに $\pi^1 < \pi^2$ ならば $(x_0^{*1} - x_0^{*2}, x_1^*, -x_2^*)$ となる．

一般的なモデル化をする前に，非完備市場と裁定取引条件を3つの状態と2資産で考えてみよう．

2.1.7 非完備市場における裁定取引

国債と株式の2証券に対して，その状態の数が証券の数より多い非完備市場とよばれる場合を考えよう．状態の数を3とすると，初期投資額最小問題は

$$\begin{aligned} \min \quad & \frac{x^0}{1+r} + S_0 x^1 \\ s.t. \quad & x_0 + S_1(\omega_1)x^1 \geq a \\ & x_0 + S_1(\omega_2)x^1 \geq b \\ & x_0 + S_1(\omega_3)x^1 \geq c \end{aligned}$$

であり，その双対問題は

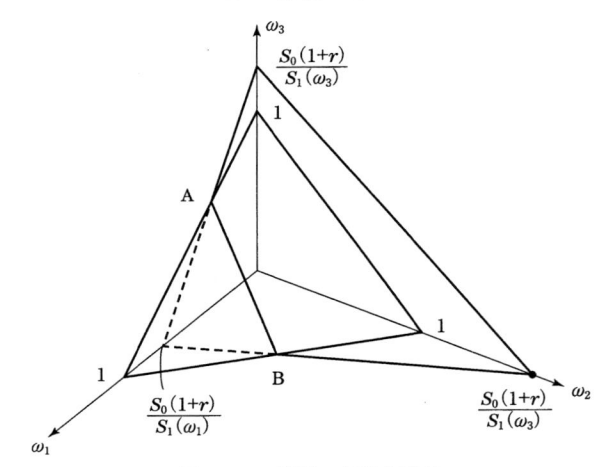

図 2.5 3 状態の無裁定条件

$$\max \quad \frac{a}{1+r}u_1 + \frac{b}{1+r}u_2 + \frac{c}{1+r}u_3$$
$$\text{s.t.} \quad u_1 + u_2 + u_3 = 1 \tag{2.13}$$
$$S_1(\omega_1)u_1 + S_1(\omega_2)u_1 + S_1(\omega_3)u_3 = S_0(1+r) \tag{2.14}$$
$$u_i \geq 0, i = 1, 2, 3 \tag{2.15}$$

である．$u_i \geq 0$ の象限における式 (2.13) は図 2.5 に見るように $(1,0,0), (0,1,0), (0,0,1)$ を通る直線に囲まれた平面である．同様に式 (2.14) は $(S_0(1+r)/S_1(\omega_1), 0, 0)$, $(0, S_0(1+r)/S_1(\omega_1), 0)$, $(0, 0, S_0(1+r)/S_1(\omega_1))$ を通る直線に囲まれた平面である．解をもつことはこの 2 平面が交わることであるから，1 期後の価格の大きさを $S_1(\omega_1) > S_1(\omega_2) > S_1(\omega_3) >$ と仮定すると，$S_1(\omega_1) > S_0(1+r) > S_1(\omega_3)$ が条件である．

2 つの平面が交わる線分上のすべての点がマルチンゲール確率である．図には $S_1(\omega_1) > S_0(1+r) > S_1(\omega_2) > S_1(\omega_3)$ のときの端点を示している．$u_3 = 0$ のときの端点 A は，

$$u'_1 = \frac{S_0(1+r) - S_1(\omega_2)}{S_1(\omega_1) - S_1(\omega_2)}$$
$$u'_2 = \frac{S_1(\omega_1) - S_0(1+r)}{S_1(\omega_1) - S_1(\omega_2)}$$

$u_2 = 0$ のときの端点 B は,
$$u_1^* = \frac{S_0(1+r) - S_1(\omega_3)}{S_1(\omega_1) - S_1(\omega_3)}$$
$$u_3^* = \frac{S_1(\omega_1) - S_0(1+r)}{S_1(\omega_1) - S_1(\omega_3)}$$
である．同様に $S_1(\omega_1) > S_1(\omega_2) > S_0(1+r) > S_1(\omega_3)$ のときの端点である確率測度も求められる．しかし，双対問題の最大値はこの線分の端点にある．最大値は a, b, c に依存して線分上の端点が選ばれる．

さて，ペイオフ $\xi(\omega)$ となるポートフォリオを考えよう．$\xi(\omega_1) = a, \xi(\omega_2) = b, \xi(\omega_3) = c$ とする．主問題の制約条件を等号制約にしたもので，次の連立1次方程式である．

$$x_0 + S_1(\omega_1)x^1 = a$$
$$x_0 + S_1(\omega_2)x^1 = b$$
$$x_0 + S_1(\omega_3)x^1 = c$$

任意の $\xi(\omega)$ に対しては解が存在しない．ところが，双対問題には解が存在した．双対定理から主問題にも解は存在するはずである．実際に $u_2 = 0$ のときには，$u_1 \neq 0, u_2 \neq 0$ に対して等式制約になるから,

$$x_0 + S_1(\omega_1)x^1 = a$$
$$x_0 + S_1(\omega_3)x^1 = c$$

の解は $x_1^* = (a-c)/(S_1(\omega_1) - S_1(\omega_3)), x_0^* = (-aS_1(\omega_3) + cS_1(\omega_1))/(S_1(\omega_1) - S_1(\omega_3))$ であり，最小値は

$$\frac{x_0^*}{1+r} + S_0 x_1^* = \frac{a(S_0(1+r) - S_1(\omega_3)) + c(S_1(\omega_1) - S_0(1+r))}{(1+r)(S_1(\omega_1) - S_1(\omega_3))}$$
$$= u_1^* \frac{a}{1+r} + u_3^* \frac{c}{1+r}$$

となり，双対問題の最大値と一致する．

しかし，このとき $a = c = 0, b > 0$ とすると，このポートフォリオへの投資額はゼロで，確率 $P(\omega_2) > 0$ で b 受け取る裁定取引が可能となる．

したがって，裁定取引を排除するためには，$u_i > 0\ (i=1,2,3)$ でなければならない．すなわち，同値確率であるためにはリスク中立確率を表す線分の両端点は除く．この線分上の任意の点 (u_1, u_2, u_3) をマルチンゲール確率 Q と表す．

裁定取引ができない価格は式 (2.14) から，$E_Q[\xi(\omega)/(1+r)]$ であるが，その初期投資額 V_0 は

$$\inf_Q E_Q[\xi(\omega)/(1+r)] < V_0 < \sup_Q E_Q[\xi(\omega)/(1+r)]$$

となる．

2.2 ファイナンスの基本定理

資産数とその価格の状態が限られたこれまでの議論を一般化し，ファイナンスの基本定理によって，裁定取引とマルチンゲール確率との関係を明らかにしよう．

2.2.1 ファイナンスの第 1 基本定理

一般的に資産が n 種類ある市場における裁定取引を考えてみよう．初期の価格をベクトルを

$$\mathbf{S}_0 = (S_0^1, \cdots, S_0^n)^\top$$

とする．1 期後の資産価格は m 状態にあるとすると，行列で

$$D = \begin{pmatrix} S^1(\omega_1) & \cdots & S^1(\omega_m) \\ S^2(\omega_1) & \cdots & S^2(\omega_m) \\ \vdots & \vdots & \vdots \\ S^n(\omega_1) & \cdots & S^n(\omega_m) \end{pmatrix}$$

と表し，その列ベクトルを

$$S(\omega_i) = (S^1(\omega_i), \cdots, S^n(\omega_i)))^\top$$

とおく．

2.2 ファイナンスの基本定理

裁定取引をゼロ以下の投資から，将来のすべての状態でゼロでない非負の収益がある取引とすると，

$$V_0 \leq 0$$
$$P(V_1 \geq 0) = 1$$
$$P(V_1 > 0) > 0$$

と表される．資産の投資数量を行ベクトルで $\mathbf{x} = (x_1, \cdots, x_n)$ とすると，

$$\begin{aligned} V_0 &= \mathbf{x}\mathbf{S}_0 \leq 0 \\ V_1 &= \mathbf{x}D \geq 0 \end{aligned} \quad (2.16)$$

さらに，資産価格が負であれば裁定取引になるから，すべての価格は非負であるが，少なくとも1つの資産価格が正であると仮定する．たとえば，確率1で第1資産価格を $S^1(\omega) > 0$ と仮定する．第1資産をニューメレールとすることは，初期の相対価格ベクトル

$$\mathbf{S}'_0 = \left(1, \frac{S_0^2}{S_0^1}, \cdots, \frac{S_0^n}{S_0^1}\right)^\top$$

と1期後の相対価格行列

$$D' = \begin{pmatrix} 1 & \cdots & 1 \\ S^2(\omega_1)/S^1(\omega_1) & \cdots & S^2(\omega_m)/S^1(\omega_m) \\ \vdots & \vdots & \vdots \\ S^n(\omega_1)/S^1(\omega_1) & \cdots & S^n(\omega_m)/S^1(\omega_m) \end{pmatrix}$$

によって式 (2.16) は

$$\mathbf{x}\mathbf{S}'_0 \leq 0$$
$$\mathbf{x}D' \geq 0$$

となる．はじめの式に -1 を掛けて線形不等式をまとめると，

$$\mathbf{x}\begin{pmatrix} -\mathbf{S}'_0 & D' \end{pmatrix} \geq 0 \quad (2.17)$$

であるが，この行ベクトルはすべてが同時にゼロにはならない．

裁定取引から導かれた式 (2.17) が成り立たないとき，正の確率の存在が次の Stiemke の補題から導かれる．

補題 2.1 (Stiemke) 任意の $l \times k$ 行列 A に対して，以下の 2 つの問題のベクトル $\mathbf{u} = (u_1, \cdots, u_k)^\top$ あるいは $\mathbf{x} = (x_1, \cdots, x_l)$ のいずれか一方だけが存在する．

[問題 1]

$$\mathbf{x}A \geq 0$$

が同時にゼロでない不等式を満たすベクトル $\mathbf{x}$ が存在する．

[問題 2]

$$A\mathbf{u} = 0$$

が正の解をもつ．

補題において $A = \begin{pmatrix} -\mathbf{S}'_0 & D' \end{pmatrix}$ および $\mathbf{u} = (u_0, u_1, \cdots, u_m)^\top$ とおけば，問題 1 に解がないときは

$$\begin{pmatrix} -\mathbf{S}'_0 & D' \end{pmatrix} \mathbf{u} = 0$$

が正の解をもつ．したがって，$u_0 > 0$ に対して，1 次方程式

$$D'\mathbf{u}' = u_0 \mathbf{S}'_0$$

が正の解 $\mathbf{u}' = (u_1, \cdots, u_m)^\top$ をもつ．さらに，両辺を u_0 で割ると，

$$\begin{pmatrix} 1 & \cdots & 1 \\ S^2(\omega_1)/S^1(\omega_1) & \cdots & S^2(\omega_m)/S^1(\omega_m) \\ \vdots & \vdots & \vdots \\ S^n(\omega_1)/S^1(\omega_1) & \cdots & S^n(\omega_m)/S^1(\omega_m) \end{pmatrix} \begin{pmatrix} u_1/u_0 \\ \vdots \\ u_m/u_0 \end{pmatrix} = \begin{pmatrix} 1 \\ S_0^2/S_0^1 \\ \vdots \\ S_0^n/S_0^1 \end{pmatrix} \quad (2.18)$$

式 (2.18) の第 1 式は $Q(\omega_i) = u_i/u_0$ とおくと確率であることを示している．さらに，第 2 式以降はこの確率の下での相対価格が

$$E_Q\left[\frac{S^i(\omega)}{S^1(\omega)}\right] = \frac{S_0^i}{S_0^1}$$

となり，マルチンゲールであることを示している．

以上のことはファイナンスの第1基本定理とよばれるので，まとめておこう．

> **定理 2.2（ファイナンスの第1基本定理）** 裁定取引がないことの必要十分条件は，P と同値な確率 Q が存在し，相対価格をマルチンゲールにすることである．

この定理は Stiemke の補題そのものであり，補題の成り立つ論理を説明しなければ大げさな名称である第1定理は単なる言い換えにすぎない．この補題は，次の Farkas の定理がその核心的部分である．

> **定理 2.3（Farkas）** 任意の $m \times n$ 行列 A に対して，次の2つの問題のいずれか一方だけが成り立つ．
> [問題1]
> $$\mathbf{x}A = \mathbf{b} \tag{2.19}$$
> を満たす非負の解をもつ．
> [問題2]
> $$A\mathbf{y} \geq 0 \tag{2.20}$$
> $$\mathbf{by} < 0 \tag{2.21}$$
> が解をもつ．

この定理を線形計画法の双対定理から証明する方法が伊理[23]，竹内[28] などにみられるが，Strang[18] がいうように「すばらしい著書」である Gale[8] の証明を示しておく．

証明 問題1と問題2は同時には成り立たない．なぜなら，同時に解があった

とする式 (2.20) の両辺に $\mathbf{x} \geq 0$ を掛けると

$$\mathbf{x} A \mathbf{y} \geq 0$$

式 (2.19) から $\mathbf{by} \geq 0$ となり，式 (2.21) と矛盾する．

そこで式 (2.19) は非負解をもたないと仮定して，問題 2 が解をもつことを次の 2 つの場合に分けて示そう．

(1) 式 (2.19) が正も負も解をもたないときは，
$\mathbf{a}_1, \cdots, \mathbf{a}_r$ を A の行基底とすると，$\mathbf{b}$ はこの基底の張る空間上にない．すべての行基底と直行し，

$$\mathbf{a}_i \mathbf{y} = 0 \quad \text{かつ} \quad \mathbf{b}\mathbf{y} = -1$$

となるベクトル $\mathbf{y}$ が存在する．さらに，任意の行は

$$\mathbf{a}_k = \sum_{i=1}^{r} \lambda_i^k \mathbf{a}_i$$

と表せるから $\mathbf{a}_k \mathbf{y} = 0$. ゆえに，

$$A\mathbf{y} = 0 \quad \text{かつ} \quad \mathbf{b}\mathbf{y} = -1$$

となり，$\mathbf{y}$ は問題 2 の解である．

(2) 式 (2.19) は解をもつが負の解であるとき，
A の行数に関する帰納法でベクトル $\mathbf{y}$ の存在を示す．

(i) 行数が 1 のとき，$m = 1$

式 (2.19) は

$$x_1 \mathbf{a}_1 = \mathbf{b}$$

が負の解をもつから $x_1 < 0$. ベクトル $\mathbf{a}_1, \mathbf{b}$ は逆向きである．解のベクトル $\mathbf{y}$ を $\mathbf{b}$ の逆向きのベクトル，つまり $\mathbf{y} = -\mathbf{b}^\top$ とおくと，

$$\mathbf{b}\mathbf{y} = -\|b\|^2 < 0 \quad \text{かつ} \quad \mathbf{a}_1 \mathbf{y} = \frac{\mathbf{b}\mathbf{y}}{x_1} = -\frac{\|b\|^2}{x_1} > 0$$

であるから，ベクトル $\mathbf{y}$ は問題 2 の解である．

(ii) 行数が $m-1$ について式 (2.19) が解をもつが負の解であり，式 (2.20)

2.2 ファイナンスの基本定理

および (2.21) を満たすベクトル $\mathbf{y}_1$ の存在と仮定する. つまり,

$$\sum_{i=1}^{m-1} x_i \mathbf{a}_i = \mathbf{b}$$

の解が $x_i < 0$ であるとき, $(m-1) \times n$ 行列 A に対して

$$A\mathbf{y}_1 \geq 0 \quad かつ \quad \mathbf{b}\mathbf{y}_1 < 0$$

となる $\mathbf{y}_1$ が存在すると仮定する.

行数が m のときに, 次の 2 つの場合に分けて証明する.

(a) 第 m 行が $\mathbf{a}_m \mathbf{y}_1 \geq 0$ を満たすときは, $m \times n$ 行列 A に対して

$$A\mathbf{y}_1 \geq 0 \quad かつ \quad \mathbf{b}\mathbf{y}_1 < 0$$

となり, y_1 は問題 2 の解である.

(b) $\mathbf{a}_m \mathbf{y}_1 < 0$ のとき, 各行ベクトルを次のように $\mathbf{a}_m$ のほうに近づけて回転する.

$$\begin{aligned} i &= 1, \cdots, m-1 \text{ に対して,} \\ \mathbf{a}'_i &= (\mathbf{a}_i \mathbf{y}_1)\mathbf{a}_m - (\mathbf{a}_m \mathbf{y}_1)\mathbf{a}_i \\ \mathbf{b}' &= (\mathbf{b}\mathbf{y}_1)\mathbf{a}_m - (\mathbf{a}_m \mathbf{y}_1)\mathbf{b} \end{aligned} \quad (2.22)$$

これらのベクトルに対する問題 1 は非負解をもち得ない. なぜなら,

$$\sum_{i=1}^{m-1} x'_i \mathbf{a}'_i = \mathbf{b}' \quad (2.23)$$

が非負解 $x'_1, \cdots, x'_{m-1} \geq 0$ をもつとし, 式 (2.22) を代入すると,

$$\frac{-1}{\mathbf{a}_m \mathbf{y}_1} \left(\sum_{i=1}^{m-1} x'_i (\mathbf{a}_i \mathbf{y}_1) - \mathbf{b}\mathbf{y}_1 \right) \mathbf{a}_m + \sum_{i=1}^{m-1} x'_i \mathbf{a}_i = \mathbf{b}$$

$-\left(\sum_{i=1}^{m-1} x'_i (\mathbf{a}_i \mathbf{y}_1) - \mathbf{b}\mathbf{y}_1 \right) / (\mathbf{a}_m \mathbf{y}_1) \geq 0$ かつ $x'_i \geq 0$ であり, 問題 1 が非負の解をもつことになり, 仮定に矛盾する.

ゆえに, 式 (2.23) に対応する問題 2 の解が存在するから, $i = 1, \cdots, m-1$ に対して, $\mathbf{a}'_i \mathbf{y}' \geq 0$ かつ $\mathbf{b}'\mathbf{y} < 0$ となるベクトル $\mathbf{y}'$ が存在する.

そこで，新たに $\mathbf{y}$ として，

$$\mathbf{y} = (\mathbf{a}_m \mathbf{y}')\mathbf{y}_1 - (\mathbf{a}_m \mathbf{y}_1)\mathbf{y}'$$

とすると，$\mathbf{y}$ は

$$\mathbf{a}_i \mathbf{y} = \mathbf{a}'_i \mathbf{y}' \geq 0$$
$$\mathbf{b}\mathbf{y} = \mathbf{b}'\mathbf{y}' < 0$$
$$\mathbf{a}_m \mathbf{y} = 0$$

であり，問題2の解となる． □

Farkasの定理からStiemkeの補題が得られる道筋を示しておこう．問題1と問題2が同時に成り立たないことは明らかなので，Stiemkeの補題は，同時にゼロにならない連立線形不等式

$$\mathbf{x}A \geq 0 \tag{2.24}$$

に解が存在しないなら，

$$A\mathbf{u} = 0 \tag{2.25}$$

の解は正である． □

2.2.2 Stiemke 補題の証明

Stiemke 補題を示すために次の定理の系を示そう．

系 2.1 次の2つの問題はいずれか一方だけが成り立つ．
[問題1]

$$\mathbf{x}A = 0 \tag{2.26}$$

を満たす同時にゼロでない非負の解をもつ．
[問題2]

$$A\mathbf{y} > 0 \tag{2.27}$$

が解をもつ．

Stiemke 補題では問題 1 の解が正で問題 2 の不等式が非負条件である．証明は Farkas の定理の応用である．

証明 2 つの問題が同時に成り立つとすると，式 (2.26) に $\mathbf{y}$ を掛けたとき

$$\mathbf{x} A \mathbf{y} = 0$$

である．$\mathbf{x}$ は同時にゼロでない非負のベクトルだから式 (2.27) より

$$\mathbf{x} A \mathbf{y} > 0$$

が導かれる．これらは矛盾するから，明らかに同時に成り立たない．

式 (2.26) が同時にゼロでない非負解をもたないときには

$$\sum_{i=1}^{m} x_i = 1$$

という制約をつけても解が存在しないことに変わりはない．これを行列で表すと

$$\mathbf{x} \begin{pmatrix} A & \mathbf{1} \end{pmatrix} = (0, \cdots, 0, 1) \tag{2.28}$$

となる．式 (2.28) が同時にゼロでない非負解をもたないから，Farkas の定理から

$$\begin{pmatrix} A & \mathbf{1} \end{pmatrix} \begin{pmatrix} \mathbf{y} \\ y_{n+1} \end{pmatrix} \geq 0$$

$$\begin{pmatrix} \mathbf{0} & 1 \end{pmatrix} \begin{pmatrix} \mathbf{y} \\ y_{n+1} \end{pmatrix} < 0$$

を満たす n 次元ベクトル $\mathbf{y}$ と y_{n+1} が存在する．この第 2 の式より $y_{n+1} < 0$ であるから

$$A\mathbf{y} \geq -y_{n+1} \mathbf{1} > 0$$

が証明された． □

この系を一般化してみよう．行列 A に対して，その行ベクトルを $\mathbf{a}_1, \cdots, \mathbf{a}_m$ とし，列ベクトルを $\mathbf{a}^1, \cdots, \mathbf{a}^n$ とする．さらに，$\mathbf{a}^1, \cdots, \mathbf{a}^r$ を列ベクトルの部

分空間 L の基底とすると，L が正のベクトルを含まないことは $\sum_{i=1}^{r} y_i \mathbf{a}^i > 0$ となる $y_1, \cdots, y_r$ が存在しないことを意味する．したがって，

$$A\mathbf{y} > 0$$

を満たす m 次元ベクトル $\mathbf{y}$ は存在しない．Farkas の定理の系から

$$\mathbf{x}A = 0$$

を満たし，すべてがゼロでない非負解が存在する．したがってすべての列ベクトルに対して $\mathbf{x}\mathbf{a}^i = 0$ となり，L の直交部分空間 L^* に $\mathbf{x}$ は含まれ $\mathbf{x} \geq 0$ となる．

以上の部分空間とその直交部分空間とに含まれるベクトルの符号に関して，次の命題として成り立つ． □

命題 2.1 部分空間 L が正のベクトルを含むか，その直交部分空間 L^* が同時にゼロでない非負ベクトルを含むかのどちらかが成り立つ．

ところで，Stiemke の補題では，2つの問題が同時に成り立たないのは明らかであるから，

$$\mathbf{x}A \geq 0$$

が解をもたないとき，

$$A\mathbf{u} = 0$$

を満たす正の解が存在することを証明すればよい．したがって，部分空間 L が同時にゼロでない非負のベクトルを含まないとき，その直交部分空間 L^* が正のベクトルをもつことを示すことになる．

命題 2.1 によれば，L^* が同時にゼロでない非負ベクトルをもたないとき，部分空間 L は正のベクトルをもつ．さらに直交部分空間の直行空間はもとの部分空間 $L = L^{**}$ であるから，列ベクトルの張る部分空間を L^* とすれば，Stiemke の補題が示されたことになる．

2.2.3 完備市場

第1章でみたとおり派生証券で裁定取引をするためには,その派生証券の1期後のペイオフに等しいポートフォリオをつくり,ポートフォリオと派生証券に価格差があれば,無リスクの利益が生まれる.

初期のポートフォリオは

$$V_0 = \sum_{i=1}^{n} x_i S_0^i$$

であり,任意の1期後のペイオフ $\xi(\omega)$ と $V(\omega)$ を一致させることができる取引数量 x_i を考えよう.すなわち,

$$(x_1, \cdots, x_n) \begin{pmatrix} S^1(\omega_1) & \cdots & S^1(\omega_m) \\ S^2(\omega_1) & \cdots & S^2(\omega_m) \\ \vdots & \vdots & \vdots \\ S^n(\omega_1) & \cdots & S^n(\omega_m) \end{pmatrix} = (\xi(\omega_1), \cdots, \xi(\omega_m)) \quad (2.29)$$

を満たす解が存在するかが問題となる.この問題の解が存在する状態を,戦略 **x** はペイオフ ξ を**複製する** (replicate) という.また,証券 ξ を新規に販売したときには,戦略 x_i を保有することによって,いかなる状態が発生しても完全に同一の価値を保有するから**ヘッジする** (hedge) という.**x** は ξ のヘッジ戦略であるという.さらに,市場の完備性が定義される.

定義 2.1 市場が完備であるとは,その市場に存在する証券の組み合わせたポートフォリオによって任意のペイオフをもつ証券が複製できることをいう.

市場の完備性の必要十分条件がファイナンスの第2基本定理である.

定理 2.4 (ファイナンスの第2基本定理) 市場に裁定取引がないとき,市場が完備であるための必要十分条件は,同値マルチンゲール測度がただ1つ存在することである.

つまり連立方程式 (2.29) の解の存在の必要十分条件は,第1基本定理によって存在が明らかになった同値マルチンゲール測度がただ1つだけあることを主張している.

証明 式 (2.29) の各列を第 1 証券価格で割った相対価格にすると,

$$(x_1, \cdots, x_n) \begin{pmatrix} 1 & \cdots & 1 \\ S^2(\omega_1)/S^1(\omega_1) & \cdots & S^2(\omega_m)/S^1(\omega_m) \\ \vdots & \vdots & \vdots \\ S^n(\omega_1)/S^1(\omega_1) & \cdots & S^n(\omega_m)/S^1(\omega_m) \end{pmatrix}$$
$$= \left(\frac{\xi(\omega_1)}{S^1(\omega_1)}, \cdots, \frac{\xi(\omega_m)}{S^1(\omega_m)} \right) \quad (2.30)$$

連立方程式の解が存在するための必要十分条件は次の補題である.

補題 2.2 任意の $m \times n$ 行列 A に対して,

$$A\mathbf{x} = \mathbf{b}$$

が任意の $\mathbf{b}$ に対して解をもつことの必要十分条件は, A の列ベクトルが R^m を張ることである. すなわち, A の階数は m である. したがって, $m \leq n$ である. この補題において, $A = D'^\top$ および $\mathbf{b} = (\xi(\omega_1)/S^1(\omega_1), \cdots, \xi(\omega_m)/S^1(\omega_m))^\top$ とおくと式 (2.30) の転置した方程式 $D'^\top \mathbf{x} = \mathbf{b}$ の解を求める問題になる. 補題から必要十分条件は $m \leq n$ である.

ところで, 定理の仮定である裁定取引がないことは, 同値マルチンゲール確率の存在が必要十分条件である. 式 (2.18) の連立方程式

$$\begin{pmatrix} 1 & \cdots & 1 \\ S^2(\omega_1)/S^1(\omega_1) & \cdots & S^2(\omega_m)/S^1(\omega_m) \\ \vdots & \vdots & \vdots \\ S^n(\omega_1)/S^1(\omega_1) & \cdots & S^n(\omega_m)/S^1(\omega_m) \end{pmatrix} \begin{pmatrix} u_1/u_0 \\ \vdots \\ u_m/u_0 \end{pmatrix} = \begin{pmatrix} 1 \\ S_0^2/S_0^1 \\ \vdots \\ S_0^n/S_0^1 \end{pmatrix}$$

が解をもつならば, 補題から $n \leq m$ となる.

したがって, $n = m$ となり, 証券の数と状態の数が等しいときに市場は完備になる. このとき式 (2.18) の連立方程式はただ 1 つの解が存在する. したがって, 同値マルチンゲール確率測度は一意に存在する. □

$A\mathbf{x} = \mathbf{b}$ の解の存在は, A の列ベクトルが張る空間にベクトル $\mathbf{b}$ が存在することをいっているため, ここで使った補題は明らかである.

ニューメレールとなる第1証券が安全資産であるとすると，初期価格は $S_0^1 = 1$ であり，1期後の価格もすべての状態で一定値 $S^1(\omega) = 1+r$ である．このとき

$$S_0^i = E_Q\left[\frac{S^i(\omega)}{1+r}\right], \quad i=2,\cdots,n$$

であり，このときの同値マルチンゲール確率を**リスク中立確率** (risk neutral probability) とよぶ．この確率の下ではすべての証券の期待収益率は

$$E_Q\left[\frac{S^i(\omega)}{S_0^i} - 1\right] = r$$

になる．

2.2.4 状態価格と確率変換

リスク中立確率を用いると，ある特定の状態にあるときだけ1円受け取るペイオフについて裁定取引のない価格が計算できる．状態 ω_i のときに1円受け取り，その他の状態ではなにも受け取らないベクトルをインディケータ関数 $\mathbf{1}_{\omega_i}(\omega)$[*3)] で表す．相対価格はリスク中立確率 Q_0 の下でマルチンゲールになるから，その価格 η_i は

$$\eta_i = E_{Q_0}\left[\frac{\mathbf{1}_{\omega_i}(\omega)}{1+r}\right]$$

から

$$\eta_i = \frac{Q_0(\omega_i)}{1+r} \tag{2.31}$$

であり，状態価格とよばれる．したがって，状態価格はリスク中立確率を現在価値にした値になる．

さらに，任意のペイオフ ξ に対する価格は

$$E_{Q_0}\left[\frac{\xi}{1+r}\right] = \sum_i \xi(\omega_i)\eta_i$$

と状態価格の線形和で表せる．

[*3)]
$$1_A(\omega) = \begin{cases} 1, & \omega \in A \\ 0, & \omega \notin A \end{cases}$$

ところで，ニューメレールを第 k 証券にしたとき，しかも安全資産ではないときに，状態 ω_i の相対価格は確率測度 Q_k の下でマルチンゲールであるから，

$$\frac{\eta_i}{S_0^k} = E_{Q_k}\left[\frac{\mathbf{1}_{\omega_i}}{S^k(\omega)}\right]$$

から

$$\eta_i = \frac{Q_k(\omega_i)}{S^k(\omega_i)} S_0^k \tag{2.32}$$

である．また，式 (2.31) と (2.32) から

$$\frac{Q_k(\omega_i)}{Q_0(\omega_i)} = \frac{S^k(\omega_i)}{S_0^k(1+r)} \tag{2.33}$$

は

$$E_{Q_0}\left[\frac{Q_k(\omega_i)}{Q_0(\omega_i)}\right] = E_{Q_0}\left[\frac{S^k(\omega_i)}{S_0^k(1+r)}\right] = E_{Q_0}\left[\frac{S^k(\omega_i)}{1+r}\right]\frac{1}{S_0^k}$$
$$= \frac{S_0^k}{S_0^k} = 1$$

であるから，確率 Q_0 から Q_k への変換となる．

連続分布では，dQ_k/dQ_0 と記され，**ラドン-ニコディム密度**ともよばれ，

$$E_{Q_0}\left[\frac{dQ_k}{dQ_0}\right] = \int_\Omega \frac{dQ_k}{dQ_0} dQ_0 = E_{Q_k}[1] = 1$$

であり，確率測度の変換に使われる．

一般的に第 l 証券価格がリスク中立確率の下でマルチンゲールであるとき，ゼロにならない第 k 証券をニューメレールとする相対価格は，Q_k の下でマルチンゲールになる．なぜなら，

$$E_{Q_0}\left[\frac{S^l(\omega)}{1+r}\right] = \sum \frac{S^l(\omega)}{1+r} Q_0(\omega)$$
$$= \sum \frac{S^l(\omega)}{1+r} \frac{Q_0(\omega)}{Q_k(\omega)} Q_k(\omega)$$

確率密度 (2.33) を代入すると，

$$= \sum \frac{S^l(\omega)}{1+r} \frac{S_0^k(1+r)}{S^k(\omega)} Q_k(\omega)$$

$$= \sum \frac{S^l(\omega)S_0^k}{S^k(\omega)}Q_k(\omega) = E_{Q_k}\left[\frac{S^l(\omega)}{S^k(\omega)}\right]S_0^k$$

である.リスク中立確率の下でマルチンゲールであるから,$E_{Q_0}[S^l(\omega)/(1+r)] = S_0^l$ を用いると,

$$\frac{S_0^l}{S_0^k} = E_{Q_k}\left[\frac{S^l(\omega)}{S^k(\omega)}\right]$$

となり,第 k 証券をニューメレールとする相対価格がマルチンゲールになることが示された.この確率 Q_0 から Q_k への変換はラドン–ニコディム密度から得られた.

観測される確率 P の確率的割引率 $\lambda(\omega)$ を考えよう.すなわち,割引率を $\lambda(\omega)$ とすると株価は確率 P の下でマルチンゲールにできる.

$$S_0^i = E_P\left[\frac{S^i(\omega)}{1+\lambda(\omega)}\right]$$

リスク中立確率への変換のラドン–ニコディム密度を求めてみよう.

$$\frac{1}{1+\lambda(\omega)} = \frac{1}{1+r}\frac{Q_0(\omega)}{P(\omega)}$$

とおくと,

$$E_P\left[\frac{S^i(\omega)}{1+\lambda(\omega)}\right] = \sum S^i(\omega)\frac{1}{1+r}\frac{Q_0(\omega)}{P(\omega)}P(\omega) = E_{Q_0}\left[\frac{S^i(\omega)}{1+r}\right] = S_0^i$$

となるから,確率 P を用いたときに現在の株価に等しくなる期待割引価値の割引率は $\lambda(\omega)$ は

$$\lambda(\omega) = \frac{P(\omega)}{Q_0(\omega)}(1+r) - 1$$

であり,第 1 章で確率 P に対しては確定的な割引率は使えないことを示したが,この確率的な割引率 $\lambda(\omega)$ を使えばマルチンゲールにできる.

2.3 リスク・リターンとマルチンゲール測度

金融工学分野において最初にノーベル経済学賞を受賞したのは 1990 年のマーコヴィッツ,ミラー,シャープの 3 人である.彼らは投資理論において,ポート

フォリオの平均値と分散の関係を明らかにし，市場全体の変動との共分散が株式の価格を決定するという**資本資産価格モデル** (capital asset pricing model)，いわゆる CAPM 理論をつくり上げた．CAPM 理論も 1 期モデルであり，本節ではいままで述べてきた無裁定取引理論との関係を明らかにしよう．

2.3.1 ゲインの集合と超過収益率

1 期後の第 i 株価を S_i とし，確率空間 $(\Omega, \mathcal{F}, P)$ 上の確率変数とする．また，現在の第 i 株は S_0^i とし，安全資産を $S_0^0 = 1$ とする．ただし，1 期後の安全資産を $S_0 = 1 + r$ とする．相対価格プロセスは $S_i^*(\omega) = S_i(\omega)/(1+r)$ である．この相対価格をマルチンゲールにする P と同値な確率測度の集合を M^e とする．もちろん P はマルチンゲール確率でないから $P \notin M^e$ である．

投資戦略を $\mathbf{x}$ とすると初期投資額 $V_0 = \sum_{i=0}^n x_i S_0^i$ が 1 期後には

$$V(\omega) = \sum_{i=0}^n x_i S_i = x_0(1+r) + \sum_{i=1}^n x_i S_i(\omega)$$

の価値となる．安全資産投資額 $x_0 = V_0 - \sum_{i=1}^n x_i S_0^i$ を代入すると，

$$V(\omega) = (1+r)\left(V_0 + \sum_{i=1}^n x_i \left(\frac{S_i}{1+r} - S_0^i\right)\right) = (1+r)\left(V_0 + \sum_{i=1}^n x_i \Delta S_i^*(\omega)\right) \tag{2.34}$$

となる．株の相対価格の変化を $\Delta S_i^*(\omega) = S_i/S_0 - S_0^i/S_0^0$ とする．同様に 1 期後の価値の相対価格を $V^*(\omega) = V(\omega)/(1+r)$ とすると，

$$V^*(\omega) = V_0 + \sum_{i=1}^n x_i \Delta S_i^*(\omega)$$

となる．初期投資額 $V_0 = 0$ とすると，ゼロ投資から生まれるポートフォリオの価値となるから，それを

$$\mathcal{K} = \left\{\sum_{i=1}^n x_i \Delta S_i^*(\omega)\right\}$$

とし，**ゲインの空間**とよぶ．この要素はゼロ投資からのゲインを表すから $g(\omega)$ と書くことにする．つまり，

2.3 リスク・リターンとマルチンゲール測度

$$g(\omega) = \sum_{i=1}^{n} x_i \Delta S_i^*(\omega)$$

1 期後のポートフォリオ $V(\omega)$ の収益率は

$$R(\omega) = \frac{V(\omega) - V_0}{V_0}$$

である．この収益率と安全資産利子率の差は**超過収益率**とよばれる．式 (2.34) から

$$R(\omega) - r = \frac{1+r}{V_0} \sum_{i=1}^{n} x_i \Delta S_i^*(\omega) \tag{2.35}$$

となり，超過収益率は $\mathcal{K}$ に含まれる．

同値マルチンゲール確率測度 Q の下では，相対価格プロセス S_i^* がマルチンゲールであるから，初期投資ゼロの投資は

$$E_Q\left[\sum_{i=1}^{n} x_i \Delta S_i^*(\omega))\right] = 0 \tag{2.36}$$

である．CAPM 理論と無裁定理論の関係を論ずるために，観測される確率測度 P の下での収益率の期待値を考えてみよう．式 (2.36) の条件は，$\mathcal{K}$ が同値マルチンゲール確率の下で m 次元空間における超平面であり，$m-1$ 次元の部分空間であることを示している．確率測度 P の下ではこの期待値は必ずしもゼロではない定数である．この場合も $m-1$ 次元の部分空間である．一方，1 期後の確実な 1 円は定数 1 であり，m 次元空間で $\mathbf{1} = (1, \cdots, 1)$ のベクトルである．

いま $\mathbf{1}$ の部分空間 $\mathcal{K}$ への正射影ベクトルを $\mathbf{q}$ とする．ここでの直交とは確率測度 P の下での平均値がゼロであることとする．$\mathbf{1} - \mathbf{q}$ は $\mathcal{K}$ と直交するので，任意のゲインベクトル $\mathbf{g} \in \mathcal{K}$ は $\mathbf{1} - \mathbf{q}$ と直交するから，

$$E_P[\mathbf{g}^\top(\mathbf{1}-\mathbf{q})] = \sum_{i=1}^{m} g(\omega_i)(1 - q(\omega_i))P(\omega_i) = 0$$

である．また $q(\omega)$ も $\mathcal{K}$ の要素であるから，直交条件より

$$E_P[(1-q(\omega))q(\omega)] = E_P[q(\omega)] - E_P[q^2(\omega)] = 0$$

ゆえに，

$$E_P[q(\omega)] = E_P[q^2(\omega)] \tag{2.37}$$

となる．

2.3.2　資本資産価格モデル CAPM

正射影ベクトルから CAPM 理論の期待収益率とリスクに関する関係式を導いてみよう．ゲインベクトル $\mathbf{g} \in \mathcal{K}$ に対して，正射影ベクトル $\mathbf{q}$ との積の期待値は，

$$E_P[qg] = Cov_P(q,g) - E_P[q]E_P[g] \tag{2.38}$$

である．確率変数として取り扱うときに，以降では $g(\omega), q(\omega)$ を簡単に g, q と記す．

一方，$E_P[qg] = E_P[g]$ が成り立つ．なぜなら，

$$E_P[qg] = \sum q(\omega_i) g(\omega_i) P(\omega_i)$$

であり，同様に

$$E_P[g] = \sum 1(\omega_i) g(\omega_i) P(\omega_i)$$

である．以上の 2 式の差をとり，$1 - \mathbf{q}$ が $\mathbf{g}$ と直交しているから，

$$E_P[g] - E_P[qg] = \sum (1 - q(\omega_i)) g(\omega_i) P(\omega_i) = E_P[(1-q)g] = 0$$

となる．ゆえに式 (2.38) から，

$$\begin{aligned}
E_P[g] &= \frac{1}{1 - E_P[q]} Cov_P(q,g) \\
&= \frac{E_P[q]}{E_P[q] - E_P[q]^2} Cov_P(q,g) \\
&= \frac{E_P[q]}{E_P[q^2] - E_P[q]^2} Cov_P(q,g) \\
&= \frac{E_P[q]}{Var_P(q)} Cov_P(q,g)
\end{aligned}$$

右辺の 3 番目は式 (2.37) の $E_P[q] = E_P[q^2]$ を用いた．したがって，

2.3 リスク・リターンとマルチンゲール測度

$$E_P[g] = \frac{Cov_P(q,g)}{Var_P(q)} E_P[q]$$

が得られる.

ベクトル $1+\mathbf{q}$ は**市場ポートフォリオ** (market portfolio) とよばれ, その収益率を $R_m(\omega)$ と記す. 市場ポートフォリオは初期投資額 $V_0 = 1$ が $V_1(\omega) = 1+q(\omega)$ となる投資戦略である. したがって $R_m(\omega) = V_1(\omega)/V_0 - 1 = q$ であるから, q は市場ポートフォリオの収益率である. その超過収益率 $R_m(\omega) - r$ は, 式 (2.35) において $V_0 = 1$ とすると,

$$E_P[R_m(\omega) - r] = (1+r)E_P[q]$$

また, 任意のゲイン g に対しては

$$E_P[R(\omega) - r] = (1+r)E_P[g]$$

が成り立つ. 以上の2つの式から次の **CAPM** の関係式が求められる.

$$E_P[R(\omega)] - r = \beta(g)(E_P[R_m(\omega)] - r)$$

ただし, $\beta(g) = Cov_P(R_m, R)/Var_P(R_m)$ は**ベータ値**として市場の変動リスクに対する感度を表す指標である. 市場価格は市場ポートフォリオとの相関によって測ったリスクを表すベータ値に依存して決定される.

マーコヴィッツ, シャープらの平均分散分析に関する均衡理論からも, この CAPM は導かれる. その詳細は池田 [20], Huang[10] を参照されたい.

次に, いま考えている市場ポートフォリオの収益率も, 分散最小の性質があることを確かめる.

2.3.3 最小分散確率測度

正射影ベクトル $\mathbf{q}$ が分散最小になることをみてみよう. φ を任意の確率測度 P の下での X の期待値の関数とする.

$$\varphi(X) = E_P[X]$$

X の状態数が m のときに, それを m 次元ベクトルとみると

$$\varphi(X) = \sum X(\omega_i) P(\omega_i) = \mathbf{x}^\top \mathbf{P}$$

である．ただし $\mathbf{x} = (X(\omega_1), \cdots, X(\omega_m))^\top, \mathbf{P} = (P(\omega_1), \cdots, P(\omega_m))^\top$ とする．この関数の集合を同値マルチンゲール確率 Q_i に対応して考えよう．その要素は

$$\varphi_i(X) = E_{Q_i}[X] = \mathbf{x}^\top \mathbf{Q_i}$$

であるから，関数の集合は，ベクトル $\mathbf{Q_i}$ の集合とみなせる．

正射影ベクトル $\mathbf{q}$ に対する $\varphi(q) = E_P[q]$ の値域を考えてみよう．式 (2.37) から

$$E_P[q] = E_P[q^2] \geq 0$$

である．さらに，q と $1-q$ は直交するから

$$E_P[q^2] + E_P[(1-q)^2] = 1$$

が成り立つ．したがって，$E_P[q^2] \leq 1$ である．ところが等式が成り立つとき，つまり $E_P[q^2] = 1$ ならば $E_P[q] = 1$ である．このとき

$$E_P[(1-q)^2] = 1 - 2E_P[q] + E_P[q^2] = 0$$

となるから $q = 1$ となる．ところが，q は初期投資額 0 であり，無裁定条件を満たすから $q = 1$ ではあり得ない．ゆえに等式は成り立たない．したがって，

$$0 \leq E_P[q] = E_P[q^2] < 1$$

つまり，$0 \leq \varphi(q) < 1$ である．

定理 2.5 線形汎関数 $\varphi(X)$ が $\varphi(\mathbf{1}) = 1$ であり，かつすべてのゲインに対して $\varphi(g) = 0$ を満たす関数の集合を A とする．このとき A は，同値確率測度の空間 M^e が張る線形空間となる．つまり，

$$A = \{\alpha Q_1 + (1-\alpha) Q_2 | Q_1, Q_2 \in M^e, \alpha \in R\}$$

証明 有限次元の線形汎関数は内積で $\varphi(x) = h^\top x$ と表せる．同値マルチンゲール確率 $Q \in M^e$ に対する汎関数 $\varphi(x) = Q^\top x$ を考える．ゲイン $g \in \mathcal{K}$ に

2.3 リスク・リターンとマルチンゲール測度

対して $\varphi(g) = Q^\top g = E_Q[g] = 0, \varphi(1) = 1$ であるから,

$$M^e \subseteq A$$

A に含まれるすべての φ は M^e の張る線形空間の要素であることを示そう. A の要素を φ の代わりに h としてよいから, $\varphi(1) = 1$ は, $h^\top 1 = 1$ である. あるマルチンゲール確率測度 $Q_0 \in M^e$ および $h \in A$ に対して, ベクトル h_ϵ を

$$h_\epsilon(\omega) = (1-\epsilon)Q_0(\omega) + \epsilon h(\omega)$$

と定義する. このベクトルが正となる $\epsilon > 0$ が存在する. なぜなら Q_0 は正ベクトルなので, 十分小さい ϵ をとることによって $h_\epsilon > 0$ とできる.

また $h_\epsilon{}^\top 1 = 1$ でもあるから同値確率測度である. $g \in \mathcal{K}$ に対して,

$$h_\epsilon{}^\top g = 0$$

であるから, h_ϵ を確率とした g の期待値がゼロであるので, h_ϵ はマルチンゲール測度である. つまり,

$$h_\epsilon \in M^e$$

であり, h_ϵ の定義式から h は

$$h = \frac{1}{\epsilon}h_\epsilon + \left(1 - \frac{1}{\epsilon}\right)Q^0$$

となり, h は M^e のベクトル線形和になるから, M^e の張る線形空間の要素である. ゆえに,

$$A \subseteq M^e \qquad \square$$

CAPM は確率 P に対して定義されるので, マルチンゲール確率をラドン–ニゴディム密度 Z と P の積で考える. 線形汎関数 $\varphi_i(x) = x^\top Q_i$ の確率関数 $Q_i(\omega)$ を確率と密度の積 $Z(\omega)P(\omega)$ に置き換えて, 次の線形汎関数を定義する.

定義 2.2 線形汎関数

$$\psi(x, Z) = \sum_{\omega \in \Omega} x(\omega)Z(\omega)P(\omega)$$

が $\psi > 0$, かつ

$$Z_m = \frac{1-q}{E_P[1-q]}$$

であるとき，Z_m を**最小分散マルチンゲール密度**とよぶ．

$\psi(x, Z_m)$ が A の要素であるためには 3 つの条件を満たせばよい．まず，

$$\psi(1, Z_m) = \sum_{\omega \in \Omega} Z_m(\omega) P(\omega) = E_P[Z_m] = \frac{E_P[1-q]}{E_P[1-q]} = 1$$

また

$$\psi(g, Z_m) = \sum_{\omega \in \Omega} g(\omega) Z_m(\omega) P(\omega) = E_P[gZ_m] = \frac{E_P[g(1-q)]}{E_P[1-q]} = 0$$

さらに，$Z_m > 0$ でもあるから，$Z_m(\omega) P(\omega)$ は同値マルチンゲール確率であり，A の要素である．

Z_m の最も単純な 2 状態の場合について図 2.6 に示す．$Z_m P$ は q と直交するベクトル $1-q$ が同値マルチンゲールの空間に交わるベクトルである．次に Z_m が同値マルチンゲール確率密度のなかで分散が最小であることを示そう．

任意の同値マルチンゲール確率密度 Z は $\psi(1, Z) = E_P[Z] = 1$ であるから，

$$Var_P[Z] = E_P[Z^2] - E_P[Z]^2 = E_P[Z^2] - 1$$

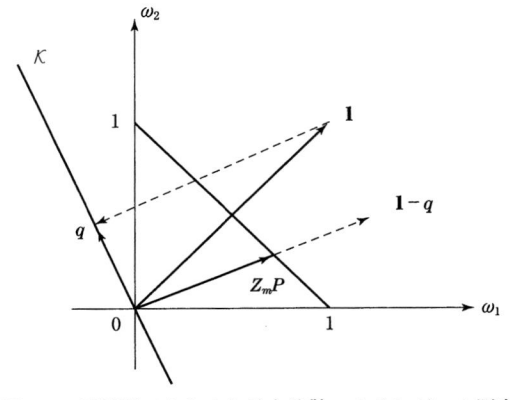

図 2.6 正射影ベクトルと最小分散マルチンゲール測度

2.3 リスク・リターンとマルチンゲール測度

となる．したがって，Z_m が最小分散であることは，すべての同値マルチンゲール確率密度に対して

$$E_P[Z_m^2] \leq E_P[Z^2]$$

を示せばよい．

定理 2.6（最小分散マルチンゲール測度） すべての同値マルチンゲール確率密度 Z のなかで Z_m は確率 P における分散が最小である．

証明 $\mathcal{K}$ にベクトル Z_m を加えた空間を V とする．スカラー $\alpha \in R$，ゲイン $g \in \mathcal{K}$ とすると，V の要素は $\alpha Z_m + g$ であり，線形汎関数は任意の同値マルチンゲール密度 Z に対して，

$$\begin{aligned}\psi(\alpha Z_m + g, Z) &= \alpha \frac{E_P[(1-q)Z]}{E_P[1-q]} + E_P[gZ] \\ &= \alpha \frac{E_P[Z] - E_P[qZ]}{E_P[1-q]} + E_Q[g] \\ &= \alpha \frac{1 - E_Q[q]}{E_P[1-q]} \\ &= \frac{\alpha}{E_P[1-q]}\end{aligned}$$

この値はすべての Z に対して変わらない．$Z_m P \in A$ であり，$Z_m \in V$ であるから，V から A への正射影となる密度が Z_m である．したがって，任意の同値マルチンゲール密度 Z に対して，

$$E_P[Z_m^2] \leq E_P[Z^2]$$

が成り立つ． □

2.3.4 リスク回避とマルチンゲール

将来のリスクを回避し，リスクを回避するためにコストを支払ってもよいとする行動は，1.2.2 項に述べたとおり効用関数から説明できる．いま，ゲインに対する効用関数 $u(x)$ を次に示す対数関数の期待値として定義する．

$$u(x(\omega)) = E_P[\log(1 + x(\omega))] \tag{2.39}$$

投資家が効用関数 $\log(1+x)$ を最大化する基準はケリー基準 (Kelly criterion) とよばれる．この効用関数は次の領域を C を満たさねばならない．

$$C = \{x(\omega) | 1 + x(\omega) > 0, \quad \forall \; \omega \in \Omega\}$$

すなわち，ゲインは -1 より大きいとき確率変数と仮定する．式 (2.39) の効用関数 u が $\mathcal{K} \cap C$ でただ 1 つの最大値もつことは次の特徴から明らかである．

(1) 関数 $u(x)$ は厳密に凹関数であり，$x_n(\omega) \to -1$ となる $\omega \in \Omega$ が存在し，そのとき $u(x_n(\omega)) \to -\infty$ となる．
(2) $\mathcal{K} \cap C$ は有界である．
    $\mathcal{K} \cap C$ は有界でないと仮定しよう．すると，$E_Q[x_n^2] \to \infty$ となるプロセス $(x_n)_{n \in N} \in \mathcal{K} \cap C$ が存在する．このとき $x(\omega) + 1 > 0$ であるから，$x_n(\omega) \to \infty$ となる $\omega \in \Omega$ が存在する．しかし，すべての測度 $Q \in M^e$ に対して，$E_Q[x_n] = 0$ であるから，$x_n(\omega') \to -\infty$ となる $\omega' \in \Omega$ が存在しなければならない．これは $x(\omega') + 1 > 0$ に反する．したがって $\mathcal{K} \cap C$ は有界でなければならない．

いま効用関数 $u(x)$ のこの最大値を g_m とする．

定理 2.7 ケリー基準の最大値を g_m とすると，$1/(1+g_m)$ はポートフォリオの価値が確率 P においてマルチンゲールになるための確率密度となる．つまり，

$$E_P\left[\frac{1}{1+g_m}V(\omega)\right] = V_0$$

である．定理はニューメレールの設定によって，次のように言い換えられる．

系 2.2 ニューメレールポートフォリオとして，

$$M(\omega) = 1 + g_m(\omega) \quad \text{かつ} \quad M_0 = 1$$

と定義すると，確率測度 P の下で相対価格 $V(\omega)/M(\omega)$ がマルチンゲールとなり，

$$E_P\left[\frac{V(\omega)}{M(\omega)}\right] = E_P\left[\frac{V_0 + g}{1 + q}\right] = V_0$$

となる．

2.3 リスク・リターンとマルチンゲール測度

ポートフォリオ M は初期投資額 1 のケリー基準による収益率最大の投資ポートフォリオである.

証明 u の定義より, $g_m \in \mathcal{K} \cap C$ であるから,

$$1 + g_m > 0$$

$1/(1+g_m)$ が同値マルチンゲール密度になることを示そう. そのために次の 2 条件を示す.

1.
$$E_P\left[\frac{1}{1+g_m}\right] = 1$$

は確率の条件である.

2. 任意の $g \in \mathcal{K}$ に対して

$$E_P\left[\frac{g}{1+g_m}\right] = 0$$

はマルチンゲールの条件である.

2. については任意のゲイン $g \in \mathcal{K}$ に対して,

$$F_g(\epsilon) = E_P[\log(1 + g_m + \epsilon g)]$$

とおくと, 十分小さい ϵ に対して F_g は定義可能であり, 凹関数である. $F_g(\epsilon)$ の最大値は $\epsilon = 0$ のときであり, そのときの微分係数が 0 であるので,

$$\left.\frac{dF_g(\epsilon)}{d\epsilon}\right|_{\epsilon=0} = 0$$

ゆえに

$$E_P\left[\frac{g}{1+g_m}\right] = 0$$

1. については

$$1 = E_P\left[\frac{1+g_m}{1+g_m}\right]$$
$$= E_P\left[\frac{1}{1+g_m}\right] + \underbrace{E_P\left[\frac{g_m}{1+g_m}\right]}_{2.\text{から } 0}$$

$$= E_P\left[\frac{1}{1+g_m}\right] \qquad \Box$$

この定理から,確率測度 P の下で任意のポートフォリオがマルチンゲールになるためには,ケリー基準の効用関数を最大にするポートフォリオをニューメレールとすることが条件となる.

3

多期間モデル

1期後の価格に対して，裁定取引ができない条件を前章では考えてきた．多期間における裁定取引は，1期後に，ある状態になったとしたときに2期後の価格状態に対する取引量を考えることになる．この将来のある時点の状態を表すのが，**増大情報系**あるいは**フィルトレーション** (filtration) とよばれるシグマ集合体の時間的変化である．

シグマ集合体の時間変化を，株価が上がるか下がるかの最も単純な価格モデルを用いて説明する．このモデルは状態数が一般的な場合や連続モデルの考察の基礎となる．

時間的に変化する確率変数列を**確率過程**といい，そのフィルトレーションに対する条件付き期待値によって解析することが，ファイナンスにきわめて有効なマルチンゲールの方法である．

裁定取引は投資額ゼロから1期以降のある時点ですべての状態で非負であり，かつある状態では正のペイオフを受け取る取引である．したがって，途中で資金を投資以外に使ってしまっては裁定取引かどうか判定できなくなってしまう．そのために途中で資金を取り出したり投入したりしない条件が必要である．その条件を**自己調達戦略** (self-financing strategy) とよぶ．

3.1 確率過程と情報

3.1.1 株価プロセスとフィルトレーション

現在の株価を $S(0)$, 1期後の株価を $S(1)$, 2期後の株価を $S(2)$, 第 i 期後の株価を $S(i)$ とする．時間は $0, 1, 2, \cdots, N$ 期までを考える．確率変数列 $S(i)$ が確率過程であり，$\{S(i)\}(0 \leq i \leq N)$ と記す．確率変数 $S(i)$ が定義される確率空

3. 多期間モデル

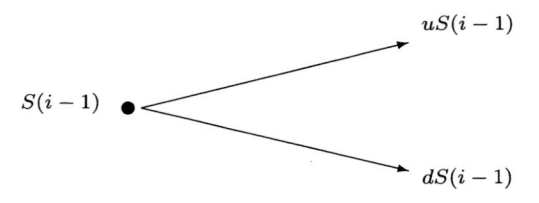

```
                    uS(i-1)
                  ↗
   S(i-1)  ●
                  ↘
                    dS(i-1)
```

図 3.1　株価のランダムウォークプロセス

間は $(\Omega, \mathcal{F}_i, P)$ であり，時刻の進行につれてシグマ集合体[*1)]は増加する．フィルトレーション $\mathbf{F} = \{\mathcal{F}_i\}(0 \leq i \leq N)$ に対して，まとめて確率空間を $(\Omega, \mathbf{F}, P)$ と表す．

図 3.1 のように株価は各期ごとに独立に u 上がるか d 下がるかであるとすると，

$$S(i) = S(i-1) R(\omega_i)$$

$$R(\omega_i) = \begin{cases} u \\ d \end{cases} \quad (3.1)$$

であり，時点 $i-1$ で上がる確率を p，下がる確率を $1-p$ であるとする．

$N = 2$ つまり 2 期間の確率空間 $(\Omega, \mathbf{F}, P)$ の例で $\mathcal{F}_0, \mathcal{F}_1, \mathcal{F}_2$ を考えてみよう．標本空間は $(R(\omega_1), R(\omega_2))$ がとり得るすべての集合であるから，

$$\Omega = \{(u,u), (u,d), (d,u), (d,d)\}$$

であり，第 0 期のシグマ集合体は標本空間とその余事象である空事象 ϕ を含めて

$$\mathcal{F}_0 = \{\Omega, \phi\}$$

となる．これは自明なシグマ集合体 (trivial sigma-field) ともよばれる．時点 0 では $P(\Omega) = 1$ すなわち株価の変動が起こるのは確率 1 でわかっているだけである．

第 1 期に上がった事象 $A_1 = \{(u,u), (u,d)\}$ と下がった事象 $A_2 = \{(d,u), (d,d)\}$

[*1)]　詳しくは，伏見 [29] を参照．

3.1 確率過程と情報

のシグマ集合体は

$$\mathcal{F}_1 = \{\{(u,u),(u,d)\},\{(d,u),(d,d)\},\Omega,\phi\}$$

である．この $\{R(\omega_1) = u\} = A_1$ と $\{R(\omega_1) = d\} = A_2$ が $\mathcal{F}_1$ の元になっているとき，$R(\omega_1)$ は $\mathcal{F}_1$ **可測**であるという．したがって，$S(1)$ は $\mathcal{F}_1$ 可測である．

第 2 期のシグマ集合体は，すべてがわかった状態，つまり，要素が 1 つの集合の 2 回上がった状態 $\{(u,u)\}$ から 2 回下がった状態の $\{(d,d)\}$ の 4 つの集合を元とするシグマ集合体であるから，

$$\begin{aligned}\mathcal{F}_2 = \{&\{(u,u)\},\{(u,d)\},\{(d,u)\},\{(d,d)\},\\&\{(u,u),(u,d)\},\{(d,u),(d,d)\},\\&\{(u,u),(d,u)\},\{(u,d),(d,d)\},\\&\{(u,u),(d,d)\},\{(u,d),(d,u)\},\\&\{(u,u),(u,d),(d,u)\},\{(u,u),(u,d),(d,d)\},\\&\{(u,u),(d,u),(d,d)\},\{(u,d),(d,u),(d,d)\},\Omega,\phi\}\end{aligned}$$

である．$\mathcal{F}_2$ の第 1 行は第 2 期で明らかになった事象，第 2 行は $R(\omega_1)$ だけが決まった第 1 期のわかる事象つまり第 1 期に発生した事象，第 3 行は $R(\omega_2)$ だけが決まった事象，第 4 行は 2 回同じ状態が出る事象とその補集合，第 5 行は第 1 行の余事象である，そして最後の行が時点 0 での事象と合計 $16 = 4^2$ 個の事象を元とする集合体からなる．以上から明らかに

$$\mathcal{F}_0 \subset \mathcal{F}_1 \subset \mathcal{F}_2$$

となり，標本空間が時間とともに分割され，最終的に標本のどの元に到達するかといった情報を開示していく図 3.2 のありさまがモデル化される．

1 期の株価の $S(1)$ は $\mathcal{F}_1$ 可測であり，その起こりうる事象は $\omega_1 = \{(u,u),(u,d)\}$ かまたは $\omega_2 = \{(d,u),(d,d)\}$ である．時点 1 で，$\mathcal{F}_1$ において，$S(1)$ は上がる状態では $uS(0)$ の定数であり，下がる状態では $dS(0)$ の定数である．2 期の株価 $S(2)$ は $\mathcal{F}_2$ 可測であり，上がる状態では $S(2) = uS(1)$ であり，下がる状態では $S(2) = dS(1)$ である．

3. 多期間モデル

$$\Omega = \begin{pmatrix} (u,u) & (d,u) \\ (u,d) & (d,d) \end{pmatrix}$$

$\mathcal{F}_0 = \{\Omega, \emptyset\}$

$\mathcal{D}_1$: $(u,u) \mid (d,u)$; $(u,d) \mid (d,d)$

$\mathcal{F}_1 = \sigma(\mathcal{D}_1)$

$\mathcal{D}_2$: $(u,u) \mid (d,u)$; $(u,d) \mid (d,d)$

$\mathcal{F}_2 = \sigma(\mathcal{D}_2)$

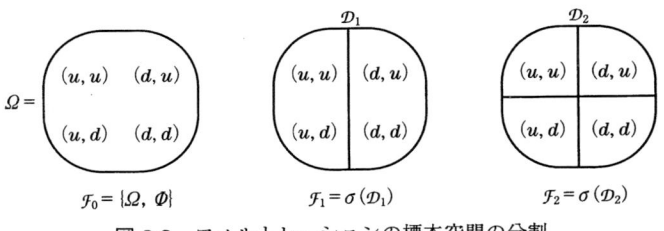

図 3.2　フィルトレーションの標本空間の分割

フィルトレーションの情報の開示していくさまは，標本空間 Ω の分割とその和集合と補集合で生成される部分集合の増加によることが図 3.2 からわかる．

3.1.2　条件付き期待値とマルチンゲール

条件付き確率から条件付き期待値を定義するわかりやすいアプローチをまず紹介し，その後に一般的にシグマ集合体に対する条件付き期待値を定義し，フィルトレーションに対する条件付き期待値を考える．この一般的なアプローチでは，まず条件付き期待値を定義して，条件付き確率が導かれる．

a.　標本空間の分割に対する条件付き期待値

離散確率空間 $(\Omega, \mathcal{F}, P)$ における事象 D が起こったときの事象 A の**条件付き確率**は，$P(D) > 0$ のときに，

$$P(A|D) = \frac{P(A \cap D)}{P(D)}$$

である．フィルトレーションは標本空間の分割のシグマ集合体であるから，標本空間 Ω の分割を $\mathcal{D}$ とすると，

$$\mathcal{D} = \{D_1, D_2, \cdots, D_m\}$$

ただし，D_i は互いに背反な事象，つまり $D_i \cap D_j = \phi$ かつ $D_1 \cup D_2 \cup \cdots D_m = \Omega$ とする．

次に，分割 $\mathcal{D}$ に対する事象 A の**条件付き確率**を

$$P(A|\mathcal{D}) = \sum_{i=1}^{m} P(A|D_i) \mathbf{1}_{D_i}(\omega)$$

と定義する．

3.1 確率過程と情報

この分割 $\mathcal{D}$ に対する条件付き確率は確率変数である．明らかに次の特徴がある．

1. 互いに背反な事象 A_1 と A_2 に対して，
$$P(A_1 \cup A_2|\mathcal{D}) = P(A_1|\mathcal{D}) + P(A_2|\mathcal{D})$$

2. 分割がない場合，つまり $\mathcal{D} = \Omega$ のときは，
$$P(A|\Omega) = P(A)$$

3. 確率変数 $P(A|\mathcal{D})$ の期待値は，全確率の法則から
$$E[P(A|\mathcal{D})] = \sum_{i=1}^{m} P(A|D_i)E[\mathbf{1}_{D_i}(\omega)] = \sum_{i=1}^{m} P(A|D_i)P(D_i) = P(A) \tag{3.2}$$

となる．

条件付き期待値は条件付き確率 $P(A|\mathcal{D})$ を用いて定義できる．

定義 3.1 確率変数 X がとる値の集合を $V = \{x_1, x_2, \cdots, x_n\}$ とし，事象を
$$A_j = \{X = x_j\}, \quad j = 1, \cdots, n$$

とすると，条件付き期待値は
$$E[X|\mathcal{D}] = \sum_{j=1}^{n} x_j P(A_j|\mathcal{D}) \tag{3.3}$$

である．

ここで A_j は標本空間の最も細かい分割である．つまり，
$$A_1 \cup \cdots \cup A_n = \Omega, \quad A_j \cap A_i = \phi$$

であり，このシグマ集合体が $\mathcal{F}$ である．したがって，分割 $\mathcal{D}$ を含む最小のシグマ集合体 $\mathcal{G}$ は部分シグマ集合体である．また事象 D_i に対する条件付き期待値は明らかに
$$E[X|D_i] = \sum_{j=1}^{n} x_j P(A_j|D_i)$$

であるから，条件付き期待値も

$$E[X|\mathcal{D}] = \sum_{i=1}^{m} E[X|D_i]\mathbf{1}_{D_i}(\omega)$$

と確率変数である．

条件付き期待値の特徴をまとめておこう．

(1) 確率変数 X, Y に対して

$$E[aX + bY|\mathcal{D}] = aE[X|\mathcal{D}] + bE[Y|\mathcal{D}]$$

(2) 標本空間 Ω に対して，

$$E[X|\Omega] = E[X]$$

(3) 任意の定数 c に対して，

$$E[c|\mathcal{D}] = c$$

(4) $X = \mathbf{1}_A(\omega)$ のとき，

$$E[X|\mathcal{D}] = P(A|\mathcal{D})$$

(5) 条件付き期待値に対する期待値は，

$$E[E[X|\mathcal{D}]] = E[X] \tag{3.4}$$

と X の期待値に等しい．

(6) $Y(\omega) = \sum_{i=1}^{m} y_i \mathbf{1}_{D_i}(\omega)$ のとき，確率変数 Y は $\mathcal{D}$ **可測**であるといい，このとき

$$E[XY|\mathcal{D}] = YE[X|\mathcal{D}] \tag{3.5}$$

が成り立つ．

(7) 分割 $\mathcal{D}_1 = \{D_{11}, \cdots, D_{1m}\}$ とより細かい分割 $\mathcal{D}_2 = \{D_{21}, \cdots, D_{2n}\}$ において，つまり $\mathcal{D}_1 \subset \mathcal{D}_2$ であり，

$$D_{1j} = \bigcup_{2i=1}^{k_i} D_{2i}, \quad \sum_{i=1}^{m} k_i = n, k_i \geq 0$$

であるとき,
$$E[E[X|\mathcal{D}_2]|\mathcal{D}_1] = E[X|\mathcal{D}_1] \tag{3.6}$$
となる.

特に重要な最後の 3 つの特徴を証明してみよう.

- (5) について : 式 (3.4) は, 定義式 (3.3) から,
$$E[E[X|\mathcal{D}]] = E\left[\sum_{j=1}^{n} x_j P(A_j|\mathcal{D})\right] = \sum_{j=1}^{n} x_j E[P(A_j|\mathcal{D})]$$
さらに条件付き確率の式 (3.2) から
$$E[E[X|\mathcal{D}]] = \sum_{j=1}^{n} x_j P(A_j) = E[X]$$
となる.

- (6) について : 式 (3.5) では, $E[XY|\mathcal{D}]$ も $E[X|\mathcal{D}]$ も $\mathcal{D}$ 可測であり, Y が条件付き期待値の外に出せることを示している. 確率変数の積は
$$XY = \sum_{j=1}^{n}\sum_{i=1}^{m} x_j y_i \mathbf{1}_{A_j \cap D_i}(\omega)$$
であるから,
$$\begin{aligned}
E[XY|\mathcal{D}] &= \sum_{j=1}^{n}\sum_{i=1}^{m} x_j y_i P[A_j \cap D_i|\mathcal{D}] \\
&= \sum_{j=1}^{n}\sum_{i=1}^{m} x_j y_i \sum_{k=1}^{m} P[A_j \cap D_i)|D_k]\mathbf{1}_{D_k}(\omega) \\
&= \sum_{j=1}^{n}\sum_{i=1}^{m} x_j y_i P[A_j \cap D_i|D_i]\mathbf{1}_{D_i}(\omega) \\
&= \sum_{j=1}^{n}\sum_{i=1}^{m} x_j y_i P[A_j|D_i]\mathbf{1}_{D_i}(\omega)
\end{aligned}$$

式 (3.5) の右辺は, $\mathbf{1}_{D_i}^2(\omega) = \mathbf{1}_{D_i}(\omega)$ および異なる i,j に対して $\mathbf{1}_{D_i}(\omega)\mathbf{1}_{D_j}(\omega) = 0$ であるから,

$$YE[X|\mathcal{D}] = \left\{\sum_{i=1}^m y_i \mathbf{1}_{D_i}(\omega)\right\}\left\{\sum_{j=1}^n x_j P(A_j|\mathcal{D})\right\}$$

$$= \left\{\sum_{i=1}^m y_i \mathbf{1}_{D_i}(\omega)\right\}\sum_{k=1}^m \left\{\sum_{j=1}^n x_j P(A_j|D_k)\right\}\mathbf{1}_{D_k}(\omega)$$

$$= \sum_{j=1}^n \sum_{i=1}^m x_j y_i P[A_j|D_i]\mathbf{1}_{D_i}(\omega)$$

したがって，式 (3.5) が示された．

- (7) は**条件付き期待値のタワールール**とよばれ，以降でよく使う公式である．

$X = \sum_{l=1}^N x_l \mathbf{1}_{A_l}$ であるとき，

$$E[X|\mathcal{D}_2] = \sum_{l=1}^N x_l P(A_l|\mathcal{D}_2)$$

であるから，式 (3.6) を証明するためには

$$E[P(A_l|\mathcal{D}_2)|\mathcal{D}_1] = P(A_l|\mathcal{D}_1) \tag{3.7}$$

を示せばよい．

$$P(A_l|\mathcal{D}_2) = \sum_{2i=1}^n P(A_l|D_{2i})\mathbf{1}_{D_{2i}}$$

であるから，

$$E[P(A_l|\mathcal{D}_2)|\mathcal{D}_1] = \sum_{2i=1}^n P(A_l|D_{2i})P(D_{2i}|\mathcal{D}_1)$$

$$= \sum_{2i=1}^n P(A_l|D_{2i})\left(\sum_{1j=1}^m P(D_{2i}|D_{1j})\mathbf{1}_{D_{1j}}\right)$$

$$= \sum_{1j=1}^m \mathbf{1}_{D_{1j}}\sum_{2i=1}^n P(A_l|D_{2i})P(D_{2i}|D_{1j})$$

$$= \sum_{1j=1}^{m} \mathbf{1}_{D_{1j}} \sum_{2i=1}^{n} \frac{P(A_l \cap D_{2i})}{P(D_{2i})} \frac{P(D_{2i} \cap D_{1j})}{P(D_{1j})}$$

$D_{2i} \cap D_{1j} = D_{2i}$ であるから

$$= \sum_{1j=1}^{m} \mathbf{1}_{D_{1j}} \sum_{2i=1}^{n} \frac{P(A_l \cap D_{2i})}{P(D_{1j})}$$

D_{1j} に含まれるすべての D_{2i} に対して $\cup \{A_l \cap D_{2i}\} = \{A_l \cap D_{1j}\}$ であるから

$$= \sum_{1j=1}^{m} \mathbf{1}_{D_{1j}} P(A_l | D_{1j}) = P(A_l | \mathcal{D}_1)$$
□

分割 $\mathcal{D}$ から和事象と余事象で生成される最小のシグマ集合体を $\mathcal{G} = \sigma\{D_1, \cdots, D_m\}$ と表す. 事象 $G_i \in \mathcal{G}$ とし, シグマ集合体 $\mathcal{G}$ に対する事象 A の条件付き確率を $P(A|\mathcal{G}) = \sum_{i=1}^{2m} P(A|G_i) \mathbf{1}_{G_i}(\omega)$ として定義することはできない. なぜなら, $G_i = \phi$ のときには定義できないからである. シグマ集合体に対しては, まず条件付き期待値の定義をする.

b. 条件付き期待値

X が可積分な確率変数であるとき, 条件付き期待値の定義は次のとおりである.

定義 3.2 すべての事象 $A \in \mathcal{G} \subset \mathcal{F}$ に対して, $\mathcal{G}$ 可測な確率変数 $\hat{X}$ が

$$\int_A X dP = \int_A \hat{X} dP$$

を満たすときを $\mathcal{G}$ に関する**条件付き期待値**といって, $\hat{X} = E[X|\mathcal{G}]$ と記す.

この定義を用いると部分シグマ集合体 $\mathcal{G}$ に対する**条件付き確率**を次のように定義できる.

定義 3.3 事象 $A \in \mathcal{F}$ のインディケータ関数を $\mathbf{1}_A(\omega)$ とすると, $E[\mathbf{1}_A(\omega)|\mathcal{G}]$ を A の $\mathcal{G}$ に関する**条件付き確率**といって, $P(A|\mathcal{G})$ で表す.

3.1.2 項の a. の分割に対する条件付き期待値と確率に関する特徴は, $\mathcal{D}$ をシグマ集合体に換えたもので成り立つ. 特に, フィルトレーション $\mathcal{F}$ に対して, 式 (3.6) は次の命題である.

命題 3.1 部分シグマ集合体 $\mathcal{F}_i \subset \mathcal{F}_j$ に対して,

$$E[X|\mathcal{F}_i] = E[E[X|\mathcal{F}_j]|\mathcal{F}_i] = E[E[X|\mathcal{F}_i]|\mathcal{F}_j]$$

が成り立つ.

特に,自明なシグマ集合体 $\mathcal{F}_0$ の条件付き期待値は

$$E[X|\mathcal{F}_0] = E[E[X|\mathcal{F}_j]|\mathcal{F}_0] = E[X]$$

となり,X の期待値と等しい.これは $E[X]$ は定数であり,$\mathcal{F}_0$ 可測であるから,$A = \Omega$ および $A = \phi$ に対して,

$$\int_A X dP = \int_A E[X] dP$$

が成り立つからである.

条件付き期待値のタワールールとよばれる命題 3.1 は,将来の情報 $\mathcal{F}_j$ が,$E(X|\mathcal{F}_i)$ を変えないことを表している.

証明は [17] や [25],[26] を参照されたい.

次にファイナンスの主要な分析ツールであるマルチンゲールの定義をしよう.

定義 3.4 確率空間 $(\Omega, \mathcal{F}, P)$ 上で定義される確率過程 $X_t(\omega)$ が各時点 t で $\mathcal{F}_t$ 可測であるとき,X_t は $\mathcal{F}_t$ に**適合する**プロセスであるといい,その条件付き期待値に対して

$$E[X_u|\mathcal{F}_t] = X_t, \quad t < u \leq T$$

が成り立つとき,確率過程 X_t は**マルチンゲール** (martingale) であるという.

X_t をギャンブルの勝ち金とし,$u = t+1$ とすると,マルチンゲールの等式は $E[X_{t+1}|\mathcal{F}_t] = X_t$ である.$t+1$ の勝ち金を t までの情報によってどのように推定しても,それはちょうど t の勝ち金と一致することを意味している.したがってプレイヤーにとっても胴元にとっても条件は同じであり,公平な賭けであり,これがマルチンゲールとよばれる名前の由来である.

さらに,

$$E[X_u|\mathcal{F}_t] \geq X_t$$

のときには**劣マルチンゲール** (submartingal) といい,

$$E[X_u|\mathcal{F}_t] \leq X_t$$

のときには**優マルチンゲール** (supermartingal) という.

3.1.3 倍賭け戦略による裁定取引

マルチンゲールの名前の起源となった次のゲームを考えてみよう. ゲームはコイン投げで, 表が出ると賭け金の 2 倍もらい, 裏が出ると賭け金を失う. このゲームに時点 i に 1 円賭けた結果の所持金変化額を Z_{i+1} とすると,

$$Z_{i+1} = \begin{cases} 1, & 表, \ p = 1/2 \\ -1, & 裏, \ 1-p = 1/2 \end{cases}$$

となる. 時点 $i+1$ の所持金を X_{i+1} とし, 1 円を賭けると,

$$X_{i+1} = X_i + Z_{i+1}$$

である. $E[Z_{i+1}|\mathcal{F}_i] = 0$ であるから,

$$E[X_{i+1}|\mathcal{F}_i] = E[X_i + Z_{i+1}|\mathcal{F}_i] = X_i$$

となり, マルチンゲールである. 一般的に, 時点 i に x_{i+1} 円を賭けると, $i+1$ において x_{i+1} 円の所持金の変化を生むから,

$$X_{i+1} = X_i + x_{i+1}Z_{i+1}$$

と表す. したがって, x_{i+1} は $\mathcal{F}_i$ 可測であるから, 条件付き期待値の特徴 (3.5) から,

$$E[X_{i+1}|\mathcal{F}_i] = X_i + x_{i+1}E[Z_{i+1}|\mathcal{F}_i] = X_i$$

であり, マルチンゲールである. また,

$$X_{i+1} = x_1 Z_1 + \cdots, + x_{i+1}Z_{i+1} + X_0$$

である.

いま, 次のような**倍賭け戦略**とよばれる賭け金 x_i を考えてみよう. 初期の所

持金をゼロ $X_0 = 0$ で無利子で借入ができるとする．さらに，初期の賭け金を1円つまり，$x_1 = 1$ とする．したがって，借金をしてゲームに参加し，表が出ればゲームをやめる．第2回目以降に裏であれば，前回の賭け金の倍額賭ける．戦略時点 $k - 1$ において，

$$x_k = \begin{cases} 0; \text{ゲームを止める} & \text{今回表であった} \\ 2^k & \text{今回まで } k - 1 \text{ 回負け続けた} \end{cases}$$

とする．所持金のプロセスは時点1で

$$X_1 = \begin{cases} 2 - 1 = 1 & \text{表で所持金確定} \\ -1 - 2 & \text{裏でゲーム続行, 借金} = 3 \end{cases}$$

であり，時点2では

$$X_2 = X_{k-1} + x_2 Z_2 = \begin{cases} -3 + 2^2 1 = 1 & \text{表で所持金確定} \\ -3 - 2^2 & \text{裏でゲーム続行, 借金} = 7 \end{cases}$$

である．一般的に $k - 1$ 回連続して裏が出たときには $x_k = 2^k$

$$X_k = \begin{cases} -1 - 2 - 2^2 - \cdots - 2^{k-1} + 2^k 1 = 1 & \text{表で所持金確定} \\ -1 - 2 - 2^2 - \cdots - 2^{k-1} - 2^k = -2^{k+1} + 1 & \text{裏でゲーム続行,} \\ & \text{借金} = -2^{k+1} + 1 \end{cases}$$

となり，1円を時点 k までに獲得する確率は

$$p + (1-p)p + (1-p)^2 p + \cdots + (1-p)^{k-1} p = p \frac{1 - (1-p)^k}{1 - (1-p)} = 1 - (1-p)^k$$

であり，$k \to \infty$ のとき，$P(X_k = 1) = 1$ である．つまり，この戦略は初期投資額ゼロから確率1で正のペイオフを受けることのできる投資となる．つまり，裁定取引である．しかし，時点 k の借金の総額は $1 - 2^{k+1}$ であり，$k \to \infty$ のとき無限大の借金をする．この条件は経済的には受け入れられない．したがって，この種の裁定取引の可能性を排除するために所持金，言い換えれば投資ポートフォリオの借入は有限でなければならない．

3.2 ファイナンスの基本定理

T 期後のペイオフが与えられるときの無裁定条件であるファイナンスの基本定理を,はじめに説明する.同値マルチンゲール確率の存在は Farkas の定理の一般化である凸集合分離定理に依存する.

3.2.1 取引戦略とゲインプロセス

取引戦略を多期間について考えてみよう.株式の種類が n 種類あり,第 i 株の時点 t での価格を S_t^i とする.株式の時点 t での保有数を x_t^i とし,安全資産の保有数を y_t とする.初期資産は第 1 期の保有数によって決まるから $V_0 = \sum_{i=1}^n S_0^i x_1^i + B_0 y_1$ である.$(\mathbf{x}_t, y_t)_{t=1,\ldots,T}$ は**取引戦略**とよばれる.時点 $t-1$ において (x_t, y_t) を決めるので可予測過程でもある.さらに,保有数のベクトルを $\mathbf{x}_t = (x_t^1, \cdots, x_t^n)^\top$ とし,価格ベクトルを $\mathbf{S}_t = (S_t^1, \cdots, S_t^n)$ とする.第 1 期には,株価と安全資産の価値は変わるから $V_1 = \mathbf{S}_1 \mathbf{x}_1 + B_1 y_1$ となる.この時点で次期の保有数 $\mathbf{x}_2, y_2$ を決定すると

$$V_1 = \mathbf{S}_1 \mathbf{x}_1 + B_1 y_1 = \mathbf{S}_1 \mathbf{x}_2 + B_1 y_2$$

となる.一般的にこの資産の組換え (rebalance) を**自己調達戦略** (self-financing trading strategy) とよぶ.第 t 期の組換えは

$$V_t = \mathbf{S}_t \mathbf{x}_t + B_t y_t = \mathbf{S}_t \mathbf{x}_{t+1} + B_t y_{t+1}, \quad t \geq 1$$

である.この式から株の売買額の変化は安全資産の変化となる

$$\mathbf{S}_t(\mathbf{x}_{t+1} - \mathbf{x}_t) + B_t(y_{t+1} - y_t) = 0$$

の関係を示している.自己調達とよばれるのは,このようにポートフォリオ組換え時に資金の出し入れのない取引であるからである.取引量の変化を $\Delta \mathbf{x}_t = \mathbf{x}_{t+1} - \mathbf{x}_t$ および $\Delta y_t = y_{t+1} - y_t$ と定義すると,$S_t \Delta x_t + B_t \Delta y_t = 0$ と書ける.さらに,価格の変化を $\Delta \mathbf{S}_t = \mathbf{S}_t - \mathbf{S}_{t-1}$,$\Delta B_t = B_t - B_{t-1}$ とおくと,ポートフォリオの価値の変化は

$$V_t - V_{t-1} = \mathbf{S}_t \mathbf{x}_t + B_t y_t - \mathbf{S}_{t-1} \mathbf{x}_t - B_{t-1} y_t$$
$$= \Delta \mathbf{S}_t \mathbf{x}_t + \Delta B_t y_t$$

である．これを繰り返し代入すると，
$$V_T = \sum_{t=1}^{T} \Delta \mathbf{S}_t \mathbf{x}_t + \Delta B_t y_t + V_0$$

となり，T 期のポートフォリの価値 V_T は，株と安全資産価格の変化と取引戦略の積の和に初期の価値 V_0 を加えた値になる．

2.2 節でみたように，株を安全資産で割った相対価格がリスク中立測度の下ですべての株価においてもマルチンゲールであれば，
$$E^*\left[\frac{S_{t+1}^i}{B_{t+1}}\middle|\mathcal{F}_t\right] = \frac{S_t^i}{B_t} \tag{3.8}$$

が成り立つ．このとき，ポートフォリオの価値の安全資産による相対価値も
$$E^*\left[\frac{V_{t+1}}{B_{t+1}}\middle|\mathcal{F}_t\right] = E^*\left[\frac{\sum_{i=1}^{n} S_{t+1}^i x_{t+1}^i + B_{t+1} y_{t+1}}{B_{t+1}}\middle|\mathcal{F}_t\right]$$
$$= E^*\left[\sum_{i}^{n} \frac{S_{t+1}^i}{B_{t+1}} x_{t+1} + y_{t+1}\middle|\mathcal{F}_t\right]$$

(3.8) および x_{t+1}, y_{t+1} は $\mathcal{F}_t$ 可測であるから
$$= \frac{\mathbf{S}_t}{B_t} x_{t+1} + y_{t+1} = \frac{V_t}{B_t}$$

となりマルチンゲールになる．したがって，マルチンゲールであれば第 t 期の取引戦略 x_{t+1} を t までの情報 $\mathcal{F}_t$ に基づいてどのように変えても，その条件付き確率は変わらない．つまり，どのような戦略をとっても決して有利な投資に導くことはできない．

またポートフォリオの相対価値は
$$\frac{V_t}{B_t} - \frac{V_{t-1}}{B_{t-1}} = \sum_{i=1}^{n}\left(\frac{S_t^i}{B_t} x_t^i + y_t - \frac{S_{t-1}^i}{B_{t-1}} x_t^i - y_t\right)$$
$$= \sum_{i=1}^{n}\left(\frac{S_t^i}{B_t} - \frac{S_{t-1}^i}{B_{t-1}}\right) x_t^i$$

であるから，株価の相対価格ベクトルを $S_t^* = S_t/B_t$ とおくとポートフォリ

の相対価格は

$$V_T^* = \frac{V_T}{B_T} = \sum_{t=1}^{T} \Delta \mathbf{S}_t^* \mathbf{x}_t + V_0^* \tag{3.9}$$

となる．ただし，

$$\Delta \mathbf{S}_t^* = \frac{\mathbf{S}_t}{B_t} - \frac{\mathbf{S}_{t-1}}{B_{t-1}}$$

であり，これはマルチンゲールの差である．この差は $\mathcal{F}_t$ 可測であるが，x_t は $\mathcal{F}_{t-1}$ 可測であるから可予測過程であることに注意しよう．

さらに，

$$G_T = \sum_{t=1}^{T} \Delta \mathbf{S}_t^* \mathbf{x}_t$$

は，時点 T のゲインとよばれる．初期投資額 V_0 は時刻 T までの投資額ゼロからゲインが加わって，ポートフォリオの相対価値 V_T^* となる．ただし $B_0 = 1$ とする．

$$V_T^* = G_T + V_0$$

ゲインプロセス G_T のようにマルチンゲールの差と可予測過程の積を累積和したものは**マルチンゲール変換**とよばれる．マルチンゲール変換には次の定理が成り立ち，以後よく使うのでここで紹介しておこう．

定理 3.1（マルチンゲール変換） M_n をマルチンゲールとし，可予測なプロセスを h_n とすると，マルチンゲール変換とは

$$X_n = \sum_{i=1}^{n} h_i \Delta M_i$$

である．X_n がマルチンゲールであることの必要十分条件は

$$E[X_n] = 0$$

である．ただし $\Delta M_i = M_i - M_{i-1}$，$X_0 = h_0 M_0 = 0$ とする．

証明 $E[X_n - X_{n-1}|\mathcal{F}_{n-1}] = E[h_n(M_n - M_{n-1})|\mathcal{F}_{n-1}]$

h_n は $\mathcal{F}_{n-1}$ 可測であるから

$$= h_n E[M_n - M_{n-1}|\mathcal{F}_{n-1}]$$
$$= h_n(E[M_n|\mathcal{F}_{n-1}] - M_{n-1}) = 0$$

ゆえに,

$$E[X_n|\mathcal{F}_{n-1}] = X_{n-1}$$

となり, X_n はマルチンゲールである. したがって, $E[X_n] = E[X_0] = 0$ である.

一方 $E[X_n] = 0$ のとき, h_{j+1} 以外は $h_1 = h_2 = \cdots = h_n = 0$ とする. このとき,

$$E[X_n] = E[h_{j+1}(M_{j+1} - M_j)] = 0$$

さらに, h_{j+1} は可予測であるから, 可測な事象 $A \in \mathcal{F}_j$ のインディケータ関数, つまり $h_{j+1} = \mathbf{1}_A$ とおく. $E[\mathbf{1}_A M_{j+1}] = E[\mathbf{1}_A M_j]$ は任意の $A \in \mathcal{F}_j$ に対して,

$$\int_A M_{j+1}(\omega)dP(\omega) = \int_A M_j(\omega)dP(\omega)$$

が成り立つ. 条件付き期待の定義 3.2 と M_j が $\mathcal{F}_j$ 可測であるから,

$$E[M_{j+1}|\mathcal{F}_j] = M_j$$

となり, M はマルチンゲールである. □

初期投資額ゼロで自己調達戦略における時刻 T のゲインの集合を

$$\mathcal{K} = \{G_T\} \tag{3.10}$$

と定義する. 初期投資額はゼロであるから $V_0 = 0$ であり, $G_T = \sum_{t=1}^{T-1} \Delta \mathbf{S}_t^* \mathbf{x}_t$ の集合である. G_T のシグマ集合体の標本点の数が m であるとき, $\mathcal{K}$ は R^m の部分ベクトル空間である.

3.2.2 無裁定取引条件

多期間の裁定取引の定義は,時点 T にリスクなしで正のペイオフを受け取ることであり,そのような取引が存在し得ない条件が無裁定取引条件である.第2章では1期間の条件を Stiemke の補題から証明したが,多期間のポートフォリオによって裁定取引ができない条件を本項では考える.多期間における定義も1期間と基本的には同じである.

定義 3.5 ポートフォリオの価値が**裁定取引可能**であるとは

$$\begin{aligned} V_0 &= 0 \\ P(V_T \geq 0) &= 1 \\ P(V_T > 0) &> 0 \end{aligned} \tag{3.11}$$

となる自己調達戦略が存在することである.

この定義は初期投資額ゼロより,将来時点 T で非負の価値をもたらす確率が1であり,しかも正である確率がゼロでない取引戦略は裁定取引戦略であることを述べている.この条件はゲイン G_T を用いると

$$\begin{aligned} P(G_T \geq 0) &= 1 \\ P(G_T > 0) &> 0 \end{aligned} \tag{3.12}$$

と簡潔に書け,裁定取引となる G_T がとる値は原点を除く正の値域である.このゼロ以外の非負値域を一般的には,L_+^1 と記す.これと投資額ゼロであるゲインのベクトル空間 $\mathcal{K}$ を用いると,裁定取引は

$$\mathcal{K} \cap L_+^1 \neq \phi$$

であり,裁定取引がない条件は

$$\mathcal{K} \cap L_+^1 = \phi$$

となる.

いままでみてきたように無裁定な価格を計算するのはリスク中立確率 Q である.したがって,任意の $\omega \in \mathcal{F}_T$ に対して,集合 $\{\omega : P(\omega) > 0\}$ が集合 $\{\omega : Q(\omega) > 0\}$ と同じであれば,裁定取引の条件を Q とすることができる.つ

まり，Q が P と同値な確率であることが条件である．

以上の準備ができたので，多期間におけるファイナンスの第 1 基本定理を証明しよう．

定理 3.2（ファイナンスの第 1 基本定理） ポートフォリオに裁定取引がないことの必要十分条件は，株の相対価格プロセスがマルチンゲールになる P と同値な確率が存在することである．

マルチンゲール確率が存在すれば，裁定取引がないことの証明は簡単である．一方，必要条件に対して多期間モデルでは，Farkas の定理の一般化である凸集合分離定理を用いる．十分条件は簡単である．

証明 （十分条件） 同値マルチンゲール確率が存在するなら，裁定取引は存在しないことを示す．

P と同値な確率を Q とすると，Q の下では相対価格がマルチンゲールであるから

$$E^*[S^*_{t+1}|\mathcal{F}_t] = S^*_t$$

となる．したがってポートフォリオ価値の相対価値も式 (3.9) よりマルチンゲールであるから

$$E^*[V^*_T] = V_0$$

である．もし，ある状態 ω_k に対して $Q(\omega_k) > 0$，$V_T(\omega_k) > 0$ であり，かつ $V_T \geq 0$ であれば $E^*[V^*_T] > 0$ となる．これは $V_0 = 0$ と矛盾する．したがって条件式 (3.11) を満たす取引戦略は存在しない． □

必要条件であるマルチンゲールの存在証明は次の**凸集合分離定理**を用いる．

3.2 ファイナンスの基本定理

凸集合分離定理

定理 3.3 n 次元空間上の有界な凸閉集合を C とし，n 次元空間上の部分ベクトル空間を V とする．

$$C \cap V = \phi$$

つまり，C と V との共通部分がないなら，
1. C の任意の要素 $\mathbf{x}$ に対して

$$\mathbf{u}^\top \mathbf{x} > 0$$

が成り立ち，

2. V の任意のベクトル $\mathbf{x}$ に対して

$$\mathbf{u}^\top \mathbf{x} = 0$$

となるベクトル $\mathbf{u}$ が存在する．

証明 （必要条件） 裁定取引が存在しないなら，P と同値なマルチンゲール確率が存在することを示す．

裁定取引が存在しないから

$$\mathcal{K} \cap L_+^1 = \phi$$

であり，L_+^1 の部分集合で m 次元の凸集合として

$$C = \left\{ G_T(\omega) \,\middle|\, \sum_{i=1}^m G_T(\omega_i) = 1, G_T(\omega) \geq 0 \right\}$$

と定義すると，C は有界で閉集合である．初期投資額ゼロのベクトル空間 $\mathcal{K}$ に対して，凸集合分離定理から，

1. C の任意の要素 G_T に対して

$$\sum_{i=0}^m u_i G_T(\omega_i) > 0 \tag{3.13}$$

が成り立ち,
2. $\mathcal{K}$ の任意のベクトル G_T に対して

$$\sum_{i=0}^{m} u_i G_T(\omega_i) = 0 \tag{3.14}$$

となるベクトル $\mathbf{u}$ が存在する.

式 (3.13) において $G_T(\omega_k) = \mathbf{1}_{\omega_k}(\omega)$ とおくと,和が 1 であり,非負であるから $\mathbf{1}_{\omega_k} \in C$ である.ゆえに,

$$u_k > 0$$

が得られる.

確率測度 Q を

$$Q(\omega_i) = \frac{u_i}{\sum_{i=1}^{m} u_i}$$

で定義すると,$Q(\omega_i) > 0$ となり,Q は P と同値な確率である.

式 (3.14) の両辺を $\sum_{i=1}^{m} u_i$ で割ると

$$\sum_{i=0}^{m} Q(\omega_i) G_T(\omega_i) = 0$$

$$E^*[G_T] = 0$$

$$E^*\left[\sum_{t=1}^{T} \Delta \mathbf{S}_t^* \mathbf{x}_t\right] = 0$$

であるから,マルチンゲール変換定理から $S^*(t)$ はマルチンゲールになる.したがって,Q は相対価格プロセスをマルチンゲールにする P と同値な確率である. □

このマルチンゲールになる P と同値な確率は**同値マルチンゲール確率** (equivalent martingale mesure：EMM) とよばれる.

3.2.3 市場の完備性

時刻 T のペイオフ $\xi(\omega)$ が,証券のポートフォリオに等しくなる.つまり

$$\xi(\omega) = \sum_{i=1}^{N} S_T^i x_T^i + B_T y_T$$

となる自己調達戦略 $\{\mathbf{x}_t, y_t\}_{t=1,\cdots,T}$ が存在するとき，$\xi(\omega)$ はこの取引戦略によって**複製できる**という．さらに，任意の時刻 T に任意のペイオフが複製できるとき，市場は**完備** (complete) であるという．ただし，ポートフォリオの初期投資額は $V_0 = \sum_{i=1}^{N} S_0^i x_1^i + y_1$ である．

次に，多期間のファイナンスの第 2 基本定理を証明しよう．

定理 3.4（ファイナンスの第 2 基本定理） 裁定取引が存在しないときに，市場が完備であるための必要十分条件は同値マルチンゲール確率測度がただ 1 つ存在することである．

証明 （必要条件） 市場が完備であるとする．任意のペイオフの相対価格は

$$\frac{\xi(\omega)}{B_T} = V_T^* = V_0 + \sum_{t=1}^{T} \Delta \mathbf{S}_t^* \mathbf{x}_t \tag{3.15}$$

である．

いま，相対価格 $\mathbf{S}_t^*$ をマルチンゲールにする確率が Q_1 と Q_2 の 2 つがあるとし，それぞれの確率による期待値を $E_1[\cdot], E_2[\cdot]$ と記す．マルチンゲール変換定理から式 (3.15) の右辺の第 2 項はゼロであり，

$$E_1[V_T^*] = E_2[V_T^*] = V_0$$

となるから

$$E_1\left[\frac{\xi(\omega)}{B_T}\right] = E_2\left[\frac{\xi(\omega)}{B_T}\right]$$

である．$\xi(\omega)$ は任意であるから

$$\xi(\omega) = B_T \mathbf{1}_A, \quad A \in \mathcal{F}_T$$

とおくと，

$$Q_1(A) = Q_2(A)$$

となり，同値マルチンゲール確率は 1 つしかないことがわかる． □

証明（十分条件） 同値マルチンゲールの存在が1つであれば市場は完備であることをその対偶をとって証明する．つまり，市場が完備でないなら同値マルチンゲール確率は2つあることを示す．

完備でないから，複製できないペイオフ ξ が存在する．初期投資額 V_0 で複製できる時刻 T におけるペイオフ $V_T^* = V_0 + G_T$ の空間を

$$\mathcal{V} = \{V_T^*\}$$

と表すと，ξ は複製できないから $\xi/B_T \notin \mathcal{V}$ である．そこでベクトル ξ から空間 $\mathcal{V}$ への正射影ベクトルを g とすると，ベクトル $h = \xi - g$ は V_T^* の張る空間 $\mathcal{V}$ と直交する．つまり，

$$\sum_{i=1}^{m} h_i V_T^*(\omega_i) = 0$$

である．定理は裁定取引できないことを前提にしているから，定理 3.2 から $Q(\omega) \in \mathcal{V}$ である．$V_T^*(\omega_i) = Q(\omega_i)$ とおくと，

$$\sum_{i=1}^{m} h_i Q(\omega_i) = 0 \tag{3.16}$$

である．いま，新たに関数 Q^1 を

$$Q^1(\omega_i) = \left(\frac{h_i}{h_{\max}} + 1\right) Q(\omega_i)$$

と定義する．ただし，$h_{\max} = \max_i |h_i| + 1$ とする．

このとき，Q^1 はもう1つの同値マルチンゲールとなることが次の2条件からわかる．

(1) $h_i/h_{\max} + 1 > 0$ であるから，$P(\omega_i) > 0 \leftrightarrow Q^1(\omega_i) > 0$．さらに式 (3.16) を用いて，

$$\begin{aligned}\sum_{i=1}^{m} Q^1(\omega_i) &= \sum_{i=1}^{m} \left(\frac{h_i}{h_{\max}} + 1\right) Q(\omega_i) \\ &= \sum_{i=1}^{m} \frac{h_i Q(\omega_i)}{h_{\max}} + \sum_{i=1}^{m} Q(\omega_i) \\ &= 1\end{aligned}$$

したがって，Q^1 は同値確率である．

(2) マルチンゲール確率であることは，Q^1 の期待値が

$$E^1[G_T] = \sum_{i=1}^{m} G_T(\omega_i) Q^1(\omega_i)$$
$$= \sum_{i=1}^{m} G_T(\omega_i) \left(\frac{h_i}{h_{\max}} + 1 \right) Q(\omega_i)$$
$$= E_Q[G_T] = 0$$

であるから，マルチンゲール変換定理より Q^1 は相対価格のマルチンゲール確率である．最後の式は $G_T(\omega)Q(\omega) \in \mathcal{V}$ による．

2つの同値マルチンゲール確率が存在するので，対偶は証明された． □

3.2.4 凸集合分離定理

多期間モデルにおいても，マルチンゲール確率の存在証明が凸集合分離定理に依存している．その証明として，Lamberton[13] を紹介しておく．

補題 3.1 C は原点を含まない凸閉集合とする．C の任意の元 x に対して，

$$\varphi(x) \geq \alpha, \quad \alpha > 0$$

となる n 変数の線形汎関数 φ が存在する．さらに，超平面 $\varphi(x) = 0$ は C とは交わらない．

証明 原点からの距離が最小となる C の内点を x_0 とする．C の任意の元 x に対して，原点からの距離は

$$\|x\| \geq \|x_0\|$$

である．任意の $t \in [0,1]$ に対して，$tx + (1-t)x_0 = x_0 + t(x - x_0)$ も凸集合 C の点であるから，

$$\|x_0 + t(x - x_0)\|^2 \geq \|x_0\|^2$$

であり，これを展開すると

$$2t(x-x_0)^\top x_0 + t^2\|x-x_0\| \geq 0$$

が任意の $t \in [0,1]$ に対して成り立つためには

$$(x-x_0)^\top x_0 \geq 0$$

したがって，

$$x^\top x_0 \geq x_0^\top x_0 = \|x_0\|^2$$

線形汎関数を $\varphi(x) = x_0^\top x$ とし，$\alpha = \|x_0\|^2$ とする．C は原点を含まないから，$x_0 \neq 0$ であるから，$\alpha > 0$. □

この補題から，凸集合分離定理が導かれる．

定理 3.5（凸集合分離定理） n 次元ベクトル部分空間を V, 有界凸閉集合を K とする．V と K に共通部分がないなら，R^n 上に定義される線形汎関数 φ が存在し，次の条件を満たす．

1. $\forall x \in K, \ \varphi(x) > 0$
2. $\forall y \in V, \ \varphi(y) = 0$

したがって，部分空間 V は K と交わらない超平面 $\varphi(x) = 0$ を含む．

証明

$$C = K - V = \{x \in R^n | \exists (y,z) \in K \times V, x = y - z\}$$

と定義される集合 C は，K が有界閉集合であるから，凸閉集合であり，V と K に共通部分がないので原点を含まない．補題 3.1 から，C の任意の元 x に対して，

$$\varphi(x) \geq \alpha, \quad \alpha > 0$$

となる φ が存在する．したがって，

$$\forall y \in K, \forall z \in V, \quad \varphi(y) - \varphi(z) \geq \alpha \tag{3.17}$$

式 (3.17) において，ある固定した y_0 に対して，任意の定数 λ 倍したベクトル λz について成り立たなければならない．すなわち，

$$\varphi(y_0) \geq \varphi(\lambda z) + \alpha$$

したがって，

$$\forall z \in V, \quad \varphi(z) = 0$$

であり，この結果を式 (3.17) に入れると，

$$\forall y \in K, \quad \varphi(y) \geq \alpha > 0$$

となる． □

3.3 2項モデルとオプション

多期間モデルのなかで最も基本的な2項モデルを考えてみよう．満期を N 期とすると，**2項モデル**では図 3.3 のように，株価プロセスの2分岐においてすべての時点で上昇率と下落率が等しい．このとき時点 N の状態の数は $N+1$ であり，時間の経過に従い状態の数は線形的にしか増えない．これは分岐した枝が再結合するからである．第 i 期の株価変化率を $R(\omega_i)$ とすると，

$$S(n) = S(0) \prod_{i=1}^{n} R(\omega_i) = S(0) u^m d^{n-m}$$

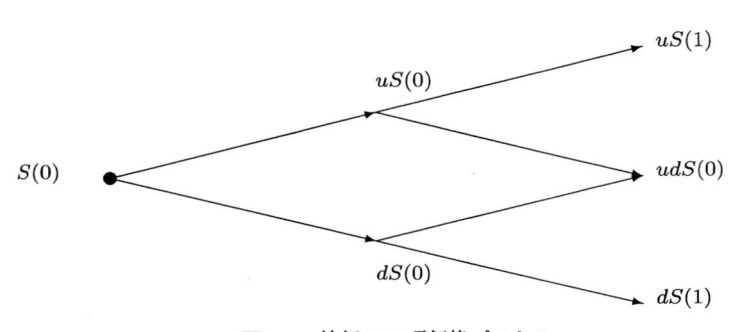

図 3.3 株価の2項価格プロセス

である．ただし m は上昇した回数であり，$0 \leq m \leq n$ である．

安全資産価格を $B(n) = (1+r)^n$ とする．このモデルにおいて裁定取引がない必要十分条件は，同値マルチンゲール確率 Q_0 が存在することである．相対価格 $S^*(n) = S(n)/B(n)$ がマルチンゲールであることは，

$$S^*(n-1) = E_{Q_0}[S^*(n)|\mathcal{F}_{n-1}]$$

を満たすから，条件付き確率を

$$q_1 = Q_0[R(\omega_n) = u|\mathcal{F}_{n-1}], \quad q_2 = Q_0[R(\omega_n) = d|\mathcal{F}_{n-1}]$$

とおくと，

$$\begin{aligned} S^*(n-1) &= E_{Q_0}\left[\frac{S^*(n-1)R(\omega_n)}{1+r}\bigg|\mathcal{F}_{n-1}\right] \\ &= \frac{S^*(n-1)}{1+r}E_{Q_0}[R(\omega_n)|\mathcal{F}_{n-1}] \\ &= \frac{S^*(n-1)}{1+r}(uq_1 + dq_2) \end{aligned}$$

となり，したがって，

$$1 = \frac{uq_1}{1+r} + \frac{dq_2}{1+r}$$

さらに，

$$q_1 + q_2 = E_{Q_0}[\mathbf{1}_{R(\omega_n)=u} + \mathbf{1}_{R(\omega_n)=d}|\mathcal{F}_{n-1}] = 1$$

ゆえに

$$q_1 = \frac{1+r-d}{u-d}$$

となり，$\mathcal{F}_{n-1}$ に依存しない．したがって，$R(\omega_i)$ は確率 Q_0 の下で独立な試行のプロセスである．さらに，同値確率は $0 < q_1, q_2$ であるから

$$0 < d < 1+r < u$$

が無裁定条件となる．

オプション価格

満期 N でのペイオフ ξ の相対価格を ξ^* とすると，$\mathcal{F}_N$ 可測であるから

3.3 2項モデルとオプション

$$\xi^* \in \mathcal{F}_N$$

つまり，

$$\xi^* = f(S^*(0), S^*(1), \cdots, S^*(N))$$

となる関数 f が存在する．相対価格プロセスはマルチンゲールであり

$$E_{Q_0}[\xi^*|\mathcal{F}_n] = V^*(n)$$

とおくと，$V^*(n) \in \mathcal{F}_n$ であるから，

$$V^*(n) = v_n(S^*(0), S^*(1), \cdots, S^*(n))$$

と表せる．

次のように再帰的な関数の関係が成り立つ．まず，終端では既知の関数 f によって

$$v_N(S^*(0), S^*(1), \cdots, S^*(N)) = f(S^*(0), S^*(1), \cdots, S^*(N))$$

である．$S^*(n) = R(\omega_n)S^*(n-1)$ であるので，第 $n-1$ 期の関数はマルチンゲール性から，q_1 を q として記号を単純化すると

$$\begin{aligned}
&v_{n-1}(S^*(0), S^*(1), \cdots, S^*(n-1)) \\
&= q v_n(S^*(0), S^*(1), \cdots, S^*(n-1), uS^*(n-1)) \\
&\quad + (1-q) v_n(S^*(0), S^*(1), \cdots, S^*(n-1), dS^*(n-1))
\end{aligned}$$

である．この計算を時点 0 まで続けると初期の派生証券価格が求められる．

ヨーロッパ型オプションでは終端条件が決まっているから，この方法から価格が求められる．コールオプションでは

$$\xi^* = f(S^*(N)) = \left(S^*(N) - \frac{K}{B(N)}\right)^+$$

であり，$v_N(S^*(N)) = f(S^*(N))$ とおくと，

$$v_{N-1}(S^*(N-1)) = q f(uS^*(N-1)) + (1-q) f(dS^*(N-1))$$

であるから，これを続けると

$$v_n(S^*(n)) = \sum_{m=0}^{N-n} f(S^*(n)u^m d^{N-n-m}) \binom{N-n}{m} q^m (1-q)^{N-n-m}$$

と2項分布になる．したがって，時点0のコールオプション価格は

$$c(0) = v_0(S^*(0))$$
$$= \sum_{m=0}^{N} \left(S^*(0)u^m d^{N-m} - \frac{K}{(1+r)^N} \right)^+ \binom{N}{m} q^m (1-q)^{N-n-m}$$
$$= S(0) \sum_{m=k}^{N} \binom{N}{m} \frac{u^m q^m d^{N-m}(1-q)^{N-m}}{(1+r)^N}$$
$$- \frac{K}{(1+r)^N} \sum_{m=k}^{N} \binom{N}{m} q^m (1-q)^{N-m}$$

ただし，k は

$$S(0)u^k d^{N-k} - K \geqq 0$$

を満たす最小の整数である．つまり，$k \geqq (-\log S(0)/K - N\log d)/(\log u - \log d)$ を満たす最小の整数 k である．

すでにみたとおり，マルチンゲールから

$$\frac{uq}{1+r} + \frac{d(1-q)}{1+r} = 1$$

であるから，上昇する確率を新たに $q' = uq/(1+r)$ とおくと，コールオプションは

$$c(0) = S(0)(1 - B(k-1, N, q')) - \frac{K}{(1+r)^N}(1 - B(k-1, N, q))$$

となる．ただし $B(k-1, N, q')$ は2項分布の確率分布関数とする．これはオプションの2項モデルとよばれる．ブラック–ショールズのオプション公式が発表された後，このモデルに関する Cox, Ross, Rubinstein [5] が発表され，ファイナンス理論に少なからぬ影響を与えた．そのため，3人の頭文字をとってCRRモデルともよばれる．

3.3.1 バリアオプション

ノックアウトオプション (knock-out option) とよばれる派生証券は，株価が満期時刻 T 以前にバリアとよばれる壁 L を一度も上回らなければ，オプション所有者が満期時点にコールオプションのペイオフ $(S(T)-K)^+$ を受け取る．一度でも株価が L 以上になれば図 3.4 のようにオプション価値が消滅するから，up-and-out-call option ともよばれる．

逆に，ノックインオプション (knock-in option) では，株価が満期時刻 T 以前にバリアとよばれる壁 L を一度でも超えれば，オプション所有者が満期時点にコールオプションのペイオフ $(S(T)-K)^+$ を受け取る．一度も株価が L に到達しなければオプションは発生しないので，別名 up-and-in-call option ともよばれる．

バリアオプションとは，このようにある壁 (barrier) に到達するかどうかをオプション行使の前提条件とするオプションである．オプション価格が高すぎて売れにくいときには，このような条件をつけて価格を下げることがよくある．

バリアオプションを 2 項モデルで考えてみよう．ノックアウトコールオプションの満期のペイオフは

$$f(S(T)) = \begin{cases} (S(T)-K)^+; & \text{すべての } t \text{ で } S(t) < L \\ 0, & \text{その他の場合} \end{cases}$$

であり，$K < L$ および $S(0) < L$ とする．

等しい時間間隔による時点は $0 = t_0 < t_1 < \cdots < t_N = T$ であるので，2 項モデルの 1 期当たりの安全利子率 r' は，満期 T 年の年率金利 r に対して，$B(T) = (1+r)^T = (1+r')^N$ から，$r' = (1+r)^{T/N} - 1$ であるが，実務の計算では $r' = (T/N)r$ が用いられる．金利が年率であるときはたとえば半年複利

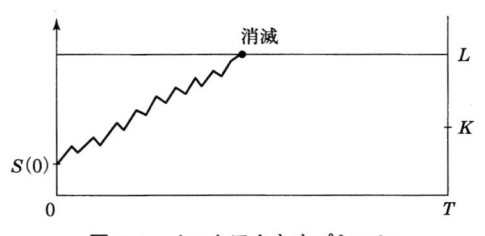

図 3.4 ノックアウトオプション

は $(1+r/2)^2$ で計算されるのが一般的慣行である.

2 項モデルを用いて再帰的に定義される関数は,満期においては

$$u_N(S^*(T)) = f\left(S^*(T) - \frac{K}{(1+r')^N}\right)^+$$

であり,マルチンゲール性から

$$u_{n-1}(S^*(t_{n-1})) = qu_n\left(S^*(t_{n-1})\frac{u}{1+r'}\right)\mathbf{1}_{\{S^*(t_{n-1})\frac{u}{1+r'} \leq \frac{L}{(1+r')^n}\}}$$
$$+ (1-q)u_n\left(S^*(t_{n-1})\frac{d}{1+r'}\right)\mathbf{1}_{\{S^*(t_{n-1})\frac{d}{1+r'} \leq \frac{L}{(1+r')^n}\}}$$
(3.18)

ノックアウトコールオプションは,終端条件から 2 枝の木 (binary tree) をたどって時点 0 までの計算によって求まる.

3.3.2 2 項モデルの複製戦略

株式の保有数を $x(t)$ とし,安全資産の保有数を $y(t)$ とする.このポートフォリオの価値は自己調達取引戦略から

$$v(t_n) = x(t_n)S(t_n) + y(t_n)B(t_n) = x(t_{n+1})S(t_n) + y(t_{n+1})B(t_n) \quad (3.19)$$

である.その相対価格プロセスは時点 t_n において

$$v^*(t_n) = x(t_n)S^*(t_n) + y(t_n) = x(t_{n+1})S^*(t_n) + y(t_{n+1})$$

であり,時点 t_{n+1} のポートフォリオ組換え前は

$$v^*(t_{n+1}) = x(t_{n+1})S^*(t_{n+1}) + y(t_{n+1})$$

である.2 項モデルはマルコフプロセス[*2)]であるから,$v^*(t_n)$ を $v_n^*(S^*(t_n))$ と表し,以上の 2 つの式の差をとると,

$$v_{n+1}^*(S^*(t_{n+1})) - v_n^*(S^*(t_n)) = x(t_{n+1})\{S^*(t_{n+1}) - S^*(t_n)\}$$

[*2)] プロセス $S(n)$ がマルコフ性をもつとは時点 $n < m$ に対して,確率 Q が
$$Q(S(m) = x|\mathcal{F}_n) = Q(S(m) = x|S(n))$$
を満たすことである.x は実数とする.

である．これを2項モデルで表現すると，上昇の場合には

$$x(t_{n+1})\left\{S^*(t_n)\frac{u}{1+r'} - S^*(t_n)\right\} = v^*_{n+1}\left(S^*(t_n)\frac{u}{1+r'}\right) - v^*_n(S^*(t_n))$$
(3.20)

下落の場合には

$$x(t_{n+1})\left\{S^*(t_n)\frac{d}{1+r'} - S^*(t_n)\right\} = v^*_{n+1}\left(S^*(t_n)\frac{d}{1+r'}\right) - v^*_n(S^*(t_n))$$
(3.21)

これらの式の右辺のポートフォリオ価値はマルチンゲールの再帰的関係式

$$v^*(t_n) = qv^*_{n+1}\left(S^*(t_n)\frac{u}{1+r'}\right) + (1-q)v^*_{n+1}\left(S^*(t_n)\frac{d}{1+r'}\right)$$

から，オプション価格の計算と同様に求められる．したがって式 (3.20) と (3.21) から時点 t_n で決める株式保有数は

$$x(t_{n+1}) = \frac{v^*_{n+1}(S^*(t_n)(u/(1+r'))) - v^*_{n+1}(S^*(t_n)(d/(1+r')))}{S^*(t_n)(u/(1+r') - d/(1+r'))}$$

が計算できる．安全資産保有数は (3.19) から，

$$y(t_{n+1}) = v^*(t_n) - x(t_{n+1})S^*(t_n)$$

である．

3.3.3 2項モデルのブラック–ショールズ式への収束

ヨーロッパ型コールオプションの2項モデルがブラック–ショールズのオプション公式に収束することを確かめてみよう．ブラック–ショールズモデルでは株価はリスク中立確率の下では，

$$S(T) = S(0)\exp\left\{\left(r - \frac{\sigma^2}{2}\right)T + \sigma W(T)\right\}$$

であり，安全資産は

$$B(T) = e^{rT}$$

である．2項モデルで T までの時間を N 等分し，その任意の時点を $t_n = nT/N$

とする．$N \to \infty$ のときブラック–ショールズモデルが導かれることを示そう．

安全資産は，1期間の金利は $r_N = rT/N$ であるから，

$$(1+r_N)^N = \left(1 + \frac{rT}{N}\right)^N \to \exp\{rT\}, \quad N \uparrow \infty$$

と連続モデルに収束する．

一方，株価は1期間当たりの株価変化率を $R_N(t_n)$ とし，上昇するとき u_N，下落するとき d_N とすると，株価は

$$S(t_{n+1}) = S(t_n)R_N(t_n)$$

である．相対価格 $S^*(t_n) = S(t_n)/(1+r_N)^n$ に対しては

$$S^*(t_{n+1}) = S^*(t_n)\frac{R_N(t_n)}{1+r_N}$$

である．したがって，

$$\log S^*(t_{n+1}) = \log S^*(t_n) + \log \frac{R_N(t_n)}{1+r_N}$$

マルチンゲールであるから

$$E_{Q_0}\left[\frac{S^*(t_{n+1})}{S^*(t_n)}\right] = 1$$

したがって

$$E_{Q_0}\left[\frac{R_N(t_n)}{1+r_N}\right] = 1$$

である．

$$\sigma_N^2 = \frac{1}{N}\sum_{i=1}^{N} Var(R_N(t_i))$$

が $N \to \infty$ のときに $\sigma_N^2 \to \sigma^2$ と定数に収束すると仮定する．このとき，さらに

$$\frac{u_N}{1+r_N} = \exp\left\{\sigma\sqrt{\frac{T}{N}}\right\}$$

3.3 2項モデルとオプション

$$\frac{d_N}{1+r_N} = \exp\left\{-\sigma\sqrt{\frac{T}{N}}\right\}$$

とし，上昇率と下落率が等しいと仮定する．$X_N(t_n) = \log\{R_N(t_n)/(1+r_N)\}$ とおくと，$X_N(t_n)$ は

$$X_N(t_n) = \begin{cases} \sigma\sqrt{\frac{T}{N}}, & \text{上昇確率} \quad q \\ -\sigma\sqrt{\frac{T}{N}}, & \text{下落確率} \quad 1-q \end{cases}$$

であり，独立である．その平均は

$$E_{Q_0}[X_N(t_n)] = q\sigma\sqrt{\frac{T}{N}} - (1-q)\sigma\sqrt{\frac{T}{N}} = (2q-1)\sigma\sqrt{\frac{T}{N}} = \mu_N$$

であり，同一の分布に従う．リスク中立確率は $q = (1+r_N-d_N)/(u_N-d_N)$ であったから

$$\begin{aligned}
\mu_N &= \left(2\frac{1-\exp\{-\sigma\sqrt{T/N}\}}{\exp\{\sigma\sqrt{T/N}\}-\exp\{-\sigma\sqrt{T/N}\}} - 1\right)\sigma\sqrt{\frac{T}{N}} \\
&= \frac{-(\exp\{\sigma/2\sqrt{T/N}\}-\exp\{-\sigma/2\sqrt{T/N}\})^2}{\exp\{\sigma\sqrt{T/N}\}-\exp\{-\sigma\sqrt{T/N}\}}\sigma\sqrt{\frac{T}{N}} \\
&= \frac{-(\exp\{\sigma/2\sqrt{T/N}\}-\exp\{-\sigma/2\sqrt{T/N}\})}{\exp\{\sigma/2\sqrt{T/N}\}+\exp\{-\sigma/2\sqrt{T/N}\}}\sigma\sqrt{\frac{T}{N}}
\end{aligned}$$

テーラー展開によって，$\exp\{(\sigma/2)\sqrt{T/N}\} = 1 + (\sigma/2)\sqrt{T/N} + o(1/N)$ を用いると

$$\begin{aligned}
\mu_N &= \frac{-2(\sigma/2)\sqrt{T/N} + o(1/N)}{2}\sigma\sqrt{\frac{T}{N}} \\
&= -\frac{\sigma^2}{2}\frac{T}{N} + o\left(\frac{1}{N}\right)
\end{aligned}$$

2次のモーメントは

$$E_{Q_0}[X_N^2(t_n)] = q\sigma^2\frac{T}{N} + (1-q)\sigma^2\frac{T}{N} = \sigma^2\frac{T}{N}$$

となる．いまこれらの和の分布を

$$Y_N(t_N) = \sum_{i=1}^{N} X_N(t_n)$$

とする. $N \to \infty$ のとき $Y_N(t_N)$ が平均 $-\sigma^2 T/2$ 分散 $\sigma^2 T$ の正規分布に収束することを特性関数[*3)]から示そう. $Y_N(t_N)$ の特性関数は虚数 i を用いて,

$$\phi(s) = E_{Q_0}[e^{isY_N(t_N)}] = E_{Q_0}[e^{is\sum_{n=1}^{N} X_N(t_n)}]$$

独立であり

$$= \prod_{n=1}^{N} E_{Q_0}[e^{isX_N(t_n)}]$$

同一分布であるから

$$= \left(E_{Q_0}[e^{isX_N(t_1)}]\right)^N$$

テーラー展開から

$$= \left(E_{Q_0}\left[1 + isX_N(t_1) - \frac{1}{2}s^2 X_N^2(t_1) + o\left(\frac{1}{N}\right)\right]\right)^N$$

$$= \left(1 + is\mu_N - \frac{1}{2}s^2\sigma^2\frac{T}{N} + o\left(\frac{1}{N}\right)\right)^N$$

したがって,

$$\lim_{N \to \infty} \phi(s) = \exp\left\{-is\frac{\sigma^2 T}{2} - s^2\frac{\sigma^2 T}{2}\right\}$$

となり, $N \to \infty$ のとき $Y_N(t_N)$ が平均 $-\sigma^2 T/2$, 分散 $\sigma^2 T$ の正規分布に従うことが示された.

$$Y_N(T_N) = \sum_{n=1}^{N} \log \frac{S^*(t_n)}{S^*(t_{n-1})} = \log S^*(t_N) - \log S^*(0)$$

であるから, 右辺は $\log(S(T)e^{-rT}) - \log S(0)$ に収束する. 標準正規変数を U とすると,

$$U = \frac{\log(S(T)e^{-rT}) - \log S(0) + \sigma^2 T/2}{\sigma\sqrt{T}}$$

$$\log \frac{S(T)}{S(0)} = \left(r - \frac{\sigma^2}{2}\right)T + \sigma\sqrt{T}U$$

平均 0 分散 T の正規乱数を $W(T)$ と書くと, つまり $W(T) = U\sqrt{T}$ とすると,

[*3)] 特性関数の詳細は伏見 [29] を参照, X が $N(\mu, \sigma^2)$ のとき, $\phi(s) = e^{is\mu - s^2(\sigma^2/2)}$

求める式

$$S(T) = S(0)\exp\left\{\left(r - \frac{\sigma^2}{2}\right)T + \sigma W(T)\right\}$$

が得られる．この収束に関する数学的に厳密な議論は，中心極限定理の技術的詳細が必要になる．興味ある読者は Foellmer[7] を参照されたい．

ヨーロッパ型オプション

離散確率変数列 $S^*(t_n)(n=0,\cdots,N)$ がリスク中立確率 Q_0 の下で連続確率変数 $S^*(t)(t \in [0,T])$ に分布収束するとき，有界な連続関数 f に対して，

$$E_{Q_0}[f(S^*(t_n))] \to E_{Q_0}[f(S^*(t))], \quad N \to \infty$$

であることが知られている．プットオプションでは $f(x) = (K - S(T))^+ \in [0, K]$ であり，有界で連続あるから，その価格は

$$\begin{aligned}
p(0) &= \lim_{N\to\infty} E_{Q_0}[(K(1+r_N)^{-N} - S^*(t_N))^+] \\
&= E_{Q_0}\left[\left(Ke^{-rT} - S(0)\exp\left\{-\frac{\sigma^2}{2}T + \sigma W(T)\right\}\right)^+\right] \\
&= \frac{1}{\sqrt{2T\pi}}\int_{-\infty}^{\infty}\left(Ke^{-rT} - S(0)\exp\left\{-\frac{\sigma^2}{2}T + \sigma\sqrt{T}x\right\}\right)^+ e^{-x^2/2}dx \\
&= Ke^{-rT}\Phi(-d_2) - S(0)\Phi(-d_1)
\end{aligned}$$

である．コールオプションは有界ではないが，プット・コールパリティ条件から，

$$\begin{aligned}
c(0) &= S(0) + P(0) - Ke^{-rT} \\
&= S(0)(1 - \Phi(-d_1)) - Ke^{-rT}(1 - \Phi(-d_2)) \\
&= S(0)(\Phi(d_1) - Ke^{-rT}\Phi(d_2)
\end{aligned}$$

とブラック–ショールズ式が得られる．ただし $\Phi(x) = 1/\sqrt{2\pi}\int_{-\infty}^{x} e^{-t^2/2}dt$ である．

4 ブラック–ショールズモデル

　離散確率分布でのモデルは有限の状態であることから，裁定取引とマルチンゲールの関係を理解するのに有効であったが，現実のデータ解析やその計算では状態の数がきわめて多くなり得る．状態の多い場合を計算するには，連続分布がはるかに有効である．しかも2項過程の時間間隔を無限小にした場合には，ブラウン運動になることが知られている．そこでブラウン運動を基礎とした分析がファイナンスの実用的モデルの中心となる．詳しくは本シリーズの小川 [25] を参考にされたいが，以降でブラウン運動を利用するための必要最小限を紹介しよう．

4.1 ブラウン運動と伊藤積分

　ファイナンスでは安全資産価格を $B(t)$ とすることが一般的であるので，ブラウン運動を $W(t)$ と記す．その定義は最も簡単な形では次のとおりである．

定義 4.1 ブラウン運動 $W(t)$ とは時間に関して連続で，独立増分の確率過程である．

　独立増分であるとは，任意の時刻 $s_0 \leq s_1 \leq u_0 \leq u_1 \leq T$ に対して $W(u_1) - W(u_0)$ が過去の $W(s_1) - W(s_0)$ と独立であることをいう．また，増分の和は

$$W(t_n) = W(0) + \sum_{i=1}^{n} (W(t_i) - W(t_{i-1}))$$

であり，$W(t_n) - W(t_{n-1})$ はシグマ集合体 $\mathcal{F}_{t_{n-1}}$ から独立である．さらに，$W(0) = 0$ であり，$W(t) - W(s)$ は平均 0 分散 $t - s$ の正規分布に従う．

4.1 ブラウン運動と伊藤積分

ブラウン運動ではどんな短い時間間隔でもそのパスの長さが無限大となる．時間間隔 $(0,T)$ を n 等分しその時刻を $(t_0, t_1, \cdots, t_n = T)$ としたときのパスの長さは

$$\sum_{i=1}^{n} |W(t_i) - W(t_{i-1})|$$
$$= \sum_{i=1}^{n} \frac{\{W(t_i) - W(t_{i-1})\}^2}{|W(t_i) - W(t_{i-1})|} \geq \frac{\sum_{i=1}^{n} \{W(t_i) - W(t_{i-1})\}^2}{\max |W(t_i) - W(t_{i-1})|}$$

である．$n \to \infty$ のとき

$$\max |W(t_i) - W(t_{i-1})| \to 0$$

である．分子については $W(t_i) - W(t_{i-1})$ が平均 0 分散 $t_i - t_{i-1}$ であるから

$$E[\{W(t_i) - W(t_{i-1})\}^2] = t_i - t_{i-1}$$

である．したがって分子の平均値は $t_n - t_0 = T$ で一定である．分子の分散は

$$\lim_{n \to \infty} Var[\{W(t_i) - W(t_{i-1})\}^2] = 0$$

であるから，サンプルパスの長さは無限大となる．パスの和が有限であるときに**有界変動関数**とよばれるが，$W(t)$ は有界変動関数ではない．しかし，その 2 乗の和の期待値は

$$E\left[\sum_{i=1}^{n} \{W(t_i) - W(t_{i-1})\}^2\right] = \sum_{i=1}^{n} t_i - t_{i-1} = T$$

であり，その分散は $\lim_{n \to \infty} Var[\{W(t_i) - W(t_{i-1})\}^2] = 0$ なので $W(t)$ は **2次変動関数**であるという．

また，ブラウン運動が微分不可能であることは，$dW(t)/dt$ が

$$\frac{\dot{W}(t + \Delta t) - W(t)}{\Delta t} = \frac{U\sqrt{\Delta t}}{\Delta t} \to \infty, \quad \Delta t \to 0$$

から直観的には明らかである．

4.1.1 伊藤積分と伊藤の公式

確率過程 $g(t)$ が $\int_0^t E[g(s)]ds < \infty$ で,かつブラウン運動 $W(t)$ が生成するフィルトレーション $\mathcal{F}$ に適合すると仮定する.ただし,**適合する**とはすべての t に対して $g(t)$ が $\mathcal{F}_t$ 可測であることをいう.

このとき,$a = t_0 \leq t_1 \leq \cdots \leq t_n = b$ に対して,確率積分

$$\int_a^b g(t)dW(t) = \lim_{n\to\infty} \sum_{i=0}^{n-1} g(t_i)\{W(t_{i+1}) - W(t_i)\}$$

によって伊藤積分が定義できる.特徴はブラウン運動の増分 $\{W(t_{i+1})-W(t_i)\}$ が被積分関数 $g(t_i)$ と独立なことにある.

伊藤積分 $\int_a^b g(t)dW(t)$ は $\mathcal{F}_b$ 可測であり,次の関係が成り立つ.

$$E\left[\int_a^b g(t)dW(t)\right] = 0 \tag{4.1}$$

$$E\left[\left(\int_a^b g(t)dW(t)\right)^2\right] = \int_a^b E[g^2(t)]dt \tag{4.2}$$

つまり,$\int_a^b g(t)dW(t)$ の平均はゼロで,分散は $\int_a^b E[g^2(t)]dt$ である.式 (4.1) は独立増分から $E[\int_a^b g(t)dW(t)]$ に収束するプロセスは

$$\sum_{i=0}^{n-1} E[g(t_i)\{W(t_{i+1}) - W(t_i)\}] = \sum_{i=0}^{n-1} E[g(t_i)]E[\{W(t_{i+1}) - W(t_i)\}] = 0$$

であることから明らかである.また,同様に式 (4.2) は $E[\{W(t_{i+1}) - W(t_i)\}\{W(t_{j+1}) - W(t_j)\}] = 0$ であるから,

$$\sum_{i=0}^{n-1} E[g^2(t_i)\{W(t_{i+1}) - W(t_i)\}^2] = \sum_{i=0}^{n-1} E[g^2(t_i)]E[\{W(t_{i+1}) - W(t_i)\}^2]$$
$$= \sum_{i=0}^{n-1} E[g^2(t_i)](t_{i+1} - t_i)$$
$$\to \int_a^b E[g^2(t)]dt$$

となる.

次に伊藤積分を用いた伊藤過程を定義する．

定義 4.2　伊藤過程とは，伊藤積分条件を満たす適合的な確率過程 $\sigma(t)$ と，可積分で適合的な確率過程 $\mu(t)$ に対して，

$$Z(t) = Z(0) + \int_0^t \mu(s)ds + \int_0^t \sigma(s)dW(s)$$

で定義されるプロセスである．これを次の微分形で表したものを**確率微分方程式**とよぶ．

$$dZ(t) = \mu(t)dt + \sigma(t)dW(t), \quad Z(0) = z_0$$

z_0 は初期値とする．

$\int_t^T \sigma(s)dW(s)$ は $\mathcal{F}_t$ と独立であり $\int_0^t \sigma(s)dW(s)$ は $\mathcal{F}_t$ 可測で，

$$\begin{aligned}
E\left[\int_0^T \sigma(s)dW(s)\bigg|\mathcal{F}_t\right] &= E\left[\int_0^t \sigma(s)dW(s)\bigg|\mathcal{F}_t\right] + E\left[\int_t^T \sigma(s)dW(s)\bigg|\mathcal{F}_t\right] \\
&= \int_0^t \sigma(s)dW(s) + E\left[\int_t^T \sigma(s)dW(s)\right] \\
&= \int_0^t \sigma(s)dW(s)
\end{aligned}$$

であるから，$\int_0^t \sigma(s)dW(s)$ はマルチンゲールであり，**マルチンゲール項**とよばれる．また，変動の大きさのプロセス $\sigma(t)$ は**ボラティリティ項** (volatility term) とよばれる．一方．$E(Z(t)) = Z(0) + E[\int_0^t \mu(s)ds]$ であるから $\int_0^t \mu(s)ds$ は**平均項** (drift term) とよばれる．

以上の準備から**伊藤の補題** (Ito's lemma) を紹介しよう．

―――― 伊藤の補題 ――――

定理 4.1（伊藤の公式） 実関数 $F(\cdot,\cdot)$ が第1項に関して1回微分可能で第2項に関して2回微分可能であるとすると, $F(t, Z(t))$ も伊藤過程であり

$$F(t, Z(t)) = F(0, Z(0)) + \int_0^t \left\{ F_t(s) + F_Z(s)\mu(s) + \frac{1}{2}F_{ZZ}(s)\sigma^2(s) \right\} ds$$

$$+ \int_0^t F_Z(s)\sigma(s) dW(s)$$

と表せる. 確率微分方程式では

$$dF(t, Z(t)) = \left\{ F_t(t) + F_Z(t)\mu(t) + \frac{1}{2}F_{ZZ}(t)\sigma^2(t) \right\} dt + F_Z(t)\sigma(t)dW(t)$$

と記す.

ただし, 偏微分を

$$F_t = \frac{\partial F}{\partial t}, \quad F_Z = \frac{\partial F}{\partial Z}, \quad F_{ZZ} = \frac{\partial^2 F}{\partial Z^2}$$

としている. この公式は伊藤積分が L^2 収束で定義されているからであるが, 形式的には

$$\{dW(t)\}^2 = dt, \quad dt dW(t) = 0, \quad \{dt\}^2 = 0$$

をテーラー展開に用いたものと考えればよい.

4.1.2 ブラック–ショールズモデルと無裁定条件

株価が負になり再び正になる確率過程は裁定取引が可能となる. 明らかに, ゼロ以下のときには株をもらい, 正の価格になったときに売る取引は裁定取引である. そこで最も簡単な正の株価過程として確率微分方程式

$$dS(t) = S(t)\mu dt + S(t)\sigma dW(t), \quad S(0) = S_0, \mu, \sigma は定数$$

をブラック–ショールズモデルでは用いる. この解は伊藤の公式で $F(S(t)) = \log(S(t))$ とすると,

4.1 ブラウン運動と伊藤積分

$$F_s = \frac{1}{S(t)}, \quad F_{ss} = -\frac{1}{S^2(t)}$$

であるから，確率微分方程式は

$$d\log S(t) = \left(\mu - \frac{1}{2}\sigma^2\right)dt + \sigma dW(t)$$

であり，積分に直すと

$$\int_0^t d\log S(u) = \int_0^t \left(\mu - \frac{1}{2}\sigma^2\right)du + \int_0^t \sigma dW(u)$$

したがって，

$$\log S(t) - \log S(0) = \left(\mu - \frac{1}{2}\sigma^2\right)t + \sigma W(t)$$

$$S(t) = S(0)\exp\left\{\left(\mu - \frac{1}{2}\sigma^2\right)t + \sigma W(t)\right\}$$

と解が求まる．ブラック–ショールズモデルでは1種類の株と安全資産が存在すると設定する．安全資産 $B(t)$ は一定金利 r の連続複利資産である．その微分方程式は

$$dB(t) = rB(t)dt, \quad B(0) = 1$$

であり，解は $B(t) = \exp(rt)$ である．

すでに3.2.1項でみたように，ファイナンスの第1基本定理から，裁定取引がないための必要十分条件は相対価格がマルチンゲールになる確率測度の存在であった．すなわち，$S(t)/B(t)$ がマルチンゲールとなる同値確率測度が存在しなければならない．そこで相対価格 $S(t)/B(t)$ に伊藤の公式を適用しよう．つまり，2変数関数 $S^*(t, S(t)) = e^{-rt}S(t)$ とおく，

$$S_t^* = -rS^*, \quad S_s^* = e^{-rt}, \quad S_{ss}^* = 0$$

であるから，

$$\begin{aligned}
d(e^{-rt}S(t)) &= S_t^* dt + S_s^* dS(t) \\
&= \{-rS^* + e^{-rt}S(t)\mu\}dt + e^{-rt}S(t)\sigma dW(t) \\
&= (-r + \mu)S^* dt + S^*\sigma dW(t)
\end{aligned}$$

$$\frac{dS^*}{S^*} = (\mu - r)dt + \sigma dW(t) \tag{4.3}$$

dS^*/S^* は相対価格プロセスの瞬間的収益率であり，その期待値が $\mu - r$ になることを示している．S^* がマルチンゲールになる同値確率測度を求めるには丸山–ギルサノフ定理が必要となる．

───── 測度変換の定理 ─────

定理 4.2（丸山–ギルサノフ定理） 適合過程 $\theta(t)$ が $\int_0^T \theta^2(s)ds < \infty$ を満たし，

$$Z(t) = \exp\left\{\int_0^t \theta(s)dW(s) - \frac{1}{2}\int_0^t \theta^2(s)ds\right\}$$

がマルチンゲールであるならば，ラドン–ニコディム密度

$$\frac{dQ}{dP} = Z(T)$$

で定義される確率測度 Q の下で，

$$W^*(t) = W(t) - \int_0^t \theta(s)ds$$

がブラウン運動になる．

この定理の新しいブラウン運動 $W^*(t)$ を用いると，$dW(t) = dW^*(t) + \theta(t)dt$ だから，

$$\frac{dS^*}{S^*} = (\mu - r)dt + \sigma\{dW^*(t) + \theta(t)\} = \{(\mu - r) + \sigma\theta(t)\}dt + \sigma W^*(t)$$

これがマルチンゲールになるためには平均項がゼロでなければならないから，

$$\theta(t) = -\frac{\mu - r}{\sigma}$$

となり，一定の値をとる．このとき，ラドン–ニコディム密度は

$E_P[Z(T)|\mathcal{F}_t]$
$$= E_P\left[\exp\left\{-\frac{\mu-r}{\sigma}W(T) - \frac{(\mu-r)^2}{2\sigma^2}T\right\}\bigg|\mathcal{F}_t\right]$$
$$= E_P\left[Z(t)\exp\left\{-\frac{\mu-r}{\sigma}(W(T)-W(t)) - \frac{(\mu-r)^2}{2\sigma^2}(T-t)\right\}\bigg|\mathcal{F}_t\right]$$
$$= Z(t)\exp\left\{-\frac{(\mu-r)^2}{2\sigma^2}(T-t)\right\}E_P\left[\exp\left\{-\frac{\mu-r}{\sigma}(W(T)-W(t))\right\}\bigg|\mathcal{F}_t\right]$$

$W(T) - W(t)$ は $\mathcal{F}_t$ と独立で平均 0 分散 $T-t$ の正規分布に従うから,

$$E_P[Z(T)|\mathcal{F}_t] = Z(t)$$

となり,マルチンゲールである.ここで定義されるリスク中立確率を Q_0 とすると,

$$dW^*(t) = dW(t) + \frac{\mu-r}{\sigma}dt$$

は Q_0 の下でブラウン運動である.これを (4.3) に代入する.

$$dS^*/S^* = (\mu-r)dt + \sigma\left(dW^*(t) - \frac{\mu-r}{\sigma}dt\right) = \sigma dW^*(t)$$

であるから

$$dS^*(t,S(t)) = S^*(t,S(t))\sigma dW^*(t) \tag{4.4}$$

となる.したがって,相対価格 $S^*(t,S(t)) = S(t)/B(t)$ は Q_0 の下でマルチンゲールとなる.

4.1.3 丸山–ギルサノフ定理

連続モデルにおいて,無裁定取引条件である同値マルチンゲール確率測度の存在は,確率変換のラドン–ニコディム密度の存在に置き換えられた.しかも,この変換した確率の下で,ブラウン運動は平均が「ずれ」たブラウン運動になる.連続モデルでのこの定理の証明には数学的技術が必要になるが,離散タイプの定理について Shiryaev[17] を紹介する.

─── **離散タイプの確率変換定理** ───

定理 4.3 同一の標準正規分布に従う互いに独立な確率変数列を $X_1, X_2, \cdots, X_n$ とする．さらに，可予測で有界な確率変数列を $\{\alpha_k\}_{k=1,\cdots,n}$ とする．このとき，

$$Z_n = \exp\left\{\sum_{k=1}^n \alpha_k X_k - \frac{1}{2}\sum_{k=1}^n \alpha_k^2\right\}$$

とし，確率測度を測度空間 $(\Omega, \mathcal{F}_n)$ に対して，

$$Q(A) = E_P[\mathbf{1}_A(\omega) Z_n], \quad A \in \mathcal{F}_n$$

で定義すると，

$$X_k^* = X_k - \alpha_k, \quad k = 1, \cdots, n$$

は互いに独立な標準正規分布に従う．

証明 まず Z_n がマルチンゲールであることを示す．Z_{n-1} は $\mathcal{F}_{n-1}$ 可測であるから，

$$E_P[Z_n | \mathcal{F}_{n-1}] = Z_{n-1} E_P\left[\exp\left\{\alpha_n X_n - \frac{1}{2}\alpha_n^2\right\} \Big| \mathcal{F}_{n-1}\right]$$

さらに，X_n は $\mathcal{F}_{n-1}$ と独立であり，α_n は $\mathcal{F}_{n-1}$ 可測であるから，右辺の第2項は

$$E_P\left[\exp\left\{\alpha_n X_n - \frac{1}{2}\alpha_n^2\right\}\right] = \int_{-\infty}^{\infty} \frac{1}{\sqrt{2\pi}} \exp\left\{-\frac{1}{2}x^2 + \alpha_n x - \frac{1}{2}\alpha_n^2\right\} dx$$

$$= \int_{-\infty}^{\infty} \frac{1}{\sqrt{2\pi}} \exp\left\{-\frac{1}{2}(x - \alpha_n)^2\right\} dx = 1$$

したがって，

$$E_P[Z_n | \mathcal{F}_{n-1}] = Z_{n-1}$$

$\{Z_m\}$ がマルチンゲールであるから，すべての $1 \leq m \leq n$ に対して $E_P[Z_m] = 1$ である．したがって

4.1 ブラウン運動と伊藤積分

$$Q(\Omega) = E_P[\mathbf{1}_\Omega(\omega) Z_n] = E_P[Z_n] = 1$$

であり，$Z_n > 0$ より $Q(A) = E_P[\mathbf{1}_A(\omega) Z_n] > 0$ であるから同値確率測度である．また，すべての可測空間 $(\Omega, \mathcal{F}_m)$ に対して P に同値確率であることも示すことができる．

次に，$X_1^*, \cdots, X_n^*$ が独立な標準正規分布に従うことを示そう．$X_1^*, \cdots, X_n^*$ は互いに Q の下での同時分布の特性関数は虚数 i を用いて，

$$E_Q\left[\exp\left\{i\sum_{k=1}^n \lambda_k X_k^*\right\}\right] = E_P\left[Z_n \exp\left\{i\sum_{k=1}^n \lambda_k X_k^*\right\}\right]$$

$$= E_P\left[Z_{n-1} \exp\left\{i\sum_{k=1}^{n-1} \lambda_k X_k^*\right\} \exp\left\{\alpha_n X_n - \frac{1}{2}\alpha_n^2 + i\lambda_n(X_n - \alpha_n)\right\}\right]$$

条件付き期待値のタワールールから

$$= E_P\left[Z_{n-1} \exp\left\{i\sum_{k=1}^{n-1} \lambda_k X_k^*\right\}\right.$$

$$\left. E_P\left[\exp\left\{i\lambda_n(X_n - \alpha_n) + \alpha_n X_n - \frac{1}{2}\alpha_n^2\right\} \Big| \mathcal{F}_{n-1}\right]\right]$$

X_n が $\mathcal{F}_{n-1}$ と独立であり，α_n は $\mathcal{F}_{n-1}$ 可測であるから，

$$E_P\left[\exp\left\{i\lambda_n(X_n - \alpha_n) + \alpha_n X_n - \frac{1}{2}\alpha_n^2\right\}\right]$$

$$= \int_{-\infty}^\infty \frac{1}{\sqrt{2\pi}} \exp\left\{-\frac{1}{2}x^2 + i\lambda(x - \alpha_n) + \alpha_n x - \frac{1}{2}\alpha_n^2\right\} dx$$

$$= \int_{-\infty}^\infty \frac{1}{\sqrt{2\pi}} \exp\left\{-\frac{1}{2}\left((x - i\lambda_n - \alpha_n)^2 + \lambda_n^2\right)\right\} dx$$

$$= \int_{-\infty}^\infty \frac{1}{\sqrt{2\pi}} \exp\left\{-\frac{1}{2}(x - i\lambda_n - \alpha_n)^2\right\} dx \exp\left\{-\frac{1}{2}\lambda_n^2\right\}$$

$$= \exp\left\{-\frac{1}{2}\lambda_n^2\right\}$$

同じことを繰り返すと，特性関数は

$$E_Q\left[\exp\left\{i\sum_{k=1}^n \lambda_k X_k^*\right\}\right] = \exp\left(-\frac{1}{2}\lambda_1^2\right) \cdots \exp\left(-\frac{1}{2}\lambda_n^2\right)$$

となり標準正規分布の積であるから,$X_1^*,\cdots,X_n^*$ は互いに Q の下で独立であり,それそれが標準正規分布に従うことが示された. □

以上の証明から,X_n を $(W(t_{n+1})-W(t_n))/\sqrt{\Delta t}$ の近似とすると,確率変換を直観的に理解できるであろう.

4.2 ブラック–ショールズのオプション式

ブラック–ショールズの有名なオプション公式を求めてみよう.リスク中立確率 Q_0 の下での確率微分方程式 (4.4) は $0 \leq t \leq T$ の有限期間に対して解をもち,

$$S^*(t) = S(0)\exp\left\{\sigma W^*(t) - \frac{1}{2}\sigma^2 t\right\}$$

となる.$S^*(0) = S(0)$ は $B(0) = 1$ であるから.ヨーロッパ型コールオプションの価格を $c(t)$ とすると,その満期 T でのペイオフは

$$c(T) = (S(T) - K)^+ = (S^*(T)B(T) - K)^+$$

である.無裁定条件から任意のペイオフの相対価格がマルチンゲールとなるから,0 時点のコールオプション価格は次のとおりである.

$$c(0) = E_{Q_0}\left[\frac{c(T)}{B(T)}\right] = E_{Q_0}\left[\left(S^*(T) - \frac{K}{B(T)}\right)^+\right]$$

オプションのペイオフをインディケータ関数を用いて表すと,

$$c(0) = E_{Q_0}[(S^*(T)\mathbf{1}_{\{S^*(T)>Ke^{-rT}\}}(\omega)] - E_{Q_0}[Ke^{-rT}\mathbf{1}_{\{S^*(T)>Ke^{-rT}\}}(\omega)]$$

となる.右辺の第 1 項を確率変換を利用して計算しよう.新しい同値確率測度 Q' のラドン–ニコディム密度を

$$\frac{dQ'}{dQ_0} = \frac{S^*(T)}{S^*(0)} = \exp\left\{\sigma W^*(t) - \frac{1}{2}\sigma^2 t\right\}$$

によって定義すると,測度変換定理から Q' の下では $W'(t) = W^*(t) - \sigma t$ がブラウン運動になる.したがって第 1 項は

4.2 ブラック–ショールズのオプション式

$$E_{Q_0}[(S^*(T)\mathbf{1}_{\{S^*(T)>Ke^{-rT}\}}(\omega)] = S(0)E_{Q_0}\left[\frac{dQ'}{dQ_0}\mathbf{1}_{\{S^*(T)>Ke^{-rT}\}}(\omega)\right]$$
$$= S(0)E_{Q'}[\mathbf{1}_{\{S^*(T)>Ke^{-rT}\}}(\omega)]$$
$$= S(0)Q'(S^*(T) > Ke^{-rT})$$
$$= S(0)\Phi(d_1) \qquad (4.5)$$

となる．ただし，d_1 は Q' の下で $S^*(T) - Ke^{-rT} > 0$ を満たす確率点であるから，

$$S(0)\exp\left\{\sigma W^*(T) - \frac{1}{2}\sigma^2 T\right\} - Ke^{-rT}$$
$$= S(0)\exp\left\{\sigma W'(T) + \sigma^2 T - \frac{1}{2}\sigma^2 T\right\} - Ke^{-rT} > 0$$

対数をとると，

$$\sigma W'(T) + \frac{1}{2}\sigma^2 T > \log\left(\frac{K}{S(0)}\right) - rT$$

整理すると，

$$W'(T) > \frac{\log(K/S(0)) - rT - \sigma^2 T/2}{\sigma}$$

ブラウン運動 $W'(T)$ は平均 0 分散 T の正規分布に従うから $U = W'(T)/\sqrt{T}$ と標準化すると，

$$U > \frac{-\log(S(0)/K) - rT - \sigma^2 T/2}{\sigma\sqrt{T}}$$

標準正規分布は原点対称であるから

$$U < d_1 = \frac{\log(S(0)/K) + rT + \sigma^2 T/2}{\sigma\sqrt{T}}$$

から d_1 が求まる．

第 2 項は Q_0 の下での期待値であり，同様に

$$E_{Q_0}[Ke^{-rT}\mathbf{1}_{\{S^*(T)>Ke^{-rT}\}}(\omega)] = Ke^{-rT}E_{Q_0}[\mathbf{1}_{\{S^*(T)>Ke^{-rT}\}}(\omega)]$$
$$= Ke^{-rT}Q_0(S^*(T) > Ke^{-rT})$$
$$= Ke^{-rT}\Phi(d_2) \qquad (4.6)$$

となる．d_2 は測度変換なしに d_1 と同様に求められる．したがって，ヨーロッパ型コールオプション価格は

$$c(0) = S(0)\Phi(d_1) - Ke^{-rT}\Phi(d_2) \tag{4.7}$$

$$d_1 = \frac{log(S(0)/K) + rT + \frac{1}{2}\sigma^2 T}{\sigma\sqrt{T}}, \quad d_2 = d_1 - \sigma\sqrt{T} \tag{4.8}$$

というブラック–ショールズ式が得られる．ただし，Φ は標準正規分布の累積密度関数で

$$\Phi(u) = \int_{-\infty}^{u} \phi(x)dx = \int_{-\infty}^{u} \frac{1}{\sqrt{2\pi}} e^{-x^2/2} dx$$

である．

以上は時点 0 のオプションの価格を求めたが，時点 t の相対価格はマルチンゲールであるから

$$\frac{c(t)}{B(t)} = E_{Q_0}\left[\frac{c(T)}{B(T)}\bigg|\mathcal{F}_t\right] = E_{Q_0}[(S^*(T) - Ke^{-rT})^+|\mathcal{F}_t]$$
$$= E_{Q_0}\bigg[\left(S^*(t)\exp\left\{\sigma(W^*(T) - W^*(t)) - \frac{1}{2}\sigma^2(T-t)\right\}\right.$$
$$\left. - Ke^{-rt}e^{-r(T-t)}\right)^+\bigg|\mathcal{F}_t\bigg]$$

とすることができ，$\exp\{\sigma(W^*(T) - W^*) - \sigma^2(T-t)/2\}$ は $\mathcal{F}_t$ と独立であるから，時点 t におけるオプションの相対価格は，株価 $S^*(t)$，満期 $\tau = T - t$，行使価格 Ke^{-rt} のオプションとみなして式 (4.7) から求められる．

4.2 ブラック–ショールズのオプション式

ブラック–ショールズのオプション式

定理 4.4 行使価格 K で満期 T の証券価格 $S(t)$ に対するヨーロッパ型コールオプションの価格 $c(t)$ は

$$c(t) = S(t)\Phi(d_1) - Ke^{-r(T-t)}\Phi(d_2) \tag{4.9}$$

$$d_1 = \frac{\log(S(t)/K) + (r + \sigma^2/2)(T-t)}{\sigma\sqrt{T-t}}, \quad d_2 = d_1 - \sigma\sqrt{T-t} \tag{4.10}$$

である.ただし安全資産金利は一定で r とする.

ブラック–ショールズのオプション式は変数として $S(t), t$,パラメータとして T, r, σ, K の関数とみなせるから,$c(t, S(t))$ あるいは $c(S(t), T-t, r, \sigma, K)$ と記そう.変数およびパラメータの感度分析は Greek とよばれ,市場取引でよく使われるので 4.2.4 項で扱う.

4.2.1 ヘッジングと完備性

ブラック–ショールズモデルは完備であろうか? 完備であるためには任意の時点 T のペイオフ $\xi(T)$ を複製する安全資産 $B(t)$ と株式 $S(t)$ のポートフォリオが存在すればよい.そのためにまず,ヨーロッパ型コールオプションのポートフォリオを考えてみよう.

$$c(t) = x(t)S(t) + y(t)B(t)$$

自己調達戦略であるためには

$$dc(t) = x(t)dS(t) + y(t)dB(t)$$

さらに,相対価格プロセスは伊藤の公式から

$$d\left(\frac{c(t)}{B(t)}\right) = \frac{dc(t)}{B(t)} - \frac{rc(t)}{B(t)}dt$$

上の 2 式を代入すると,

$$= x(t)\left(\frac{dS(t)}{B(t)} - \frac{rS(t)}{B(t)}dt\right)$$

$$= x(t)dS^*(t)$$

これを積分すると,

$$\frac{c(t)}{B(t)} = c(0) + \int_0^t x(u)dS^*(u) \tag{4.11}$$

である.

定理 4.4 項でみたとおりコールオプションは $c(t, S(t))$ と表せる. オプションの相対価格に伊藤の公式を用いると,

$$d\left(\frac{c(t,S(t))}{B(t)}\right) = \frac{dc(t,S(t))}{B(t)} - r\frac{c(t,S(t))}{B(t)}dt$$

また, Q_0 の下で $dS(t) = S(t)rdt + S(t)\sigma dW^*(t)$ であるから,

$$dc(t,S(t)) = \left\{c_t + c_s S(t)r + \frac{1}{2}c_{ss}S^2(t)\sigma^2\right\}dt + c_s S(t)\sigma dW^*(t)$$

したがって,

$$d\left(\frac{c(t,S(t))}{B(t)}\right)$$
$$= \frac{1}{B(t)}\left\{c_t + c_s S(t)r + \frac{1}{2}c_{ss}S^2(t)\sigma^2 - rc(t,S(t))\right\}dt + c_s\frac{S(t)}{B(t)}\sigma dW^*(t)$$

コールオプションの相対価格はマルチンゲールであるから, この平均項はゼロでなければならない. したがって, 偏微分方程式

$$c_t + c_s S(t)r + \frac{1}{2}c_{ss}S^2(t)\sigma^2 - rc(t,S(t)) = 0 \tag{4.12}$$

が導かれる. 終端条件は $c(T,S(T)) = (S(T)-K)^+$ である. また, 残りのマルチンゲール項

$$d\left(\frac{c(t,S(t))}{B(t)}\right) = c_s\frac{S(t)}{B(t)}\sigma dW^*(t)$$

を積分すると,

$$\frac{c(t,S(t))}{B(t)} = c(0,S(0)) + \int_0^t c_s(u,S(u))\frac{S(u)}{B(u)}\sigma dW^*(u)$$

$(S(u)/B(u))\sigma dW^*(u) = S^*(u)\sigma dW^*(u)$ であるから, 式 (4.4) から $dS^*(t)$ に等しい. したがって,

$$\frac{c(t, S(t))}{B(t)} = c(0, S(0)) + \int_0^t c_s(u, S(u)) dS^*(u) \tag{4.13}$$

式 (4.11) と (4.13) から，$x(t) = c_s(t, S(t))$ とおけばよいことを示している．したがって，オプションの相対価格プロセスは時刻 t に株を $c_s(t, S(t))$ で保有すれば，複製できる．安全資産は $y(t) = \bigl(c(t) - x(t)S(t)\bigr)/B(t)$ で保有となる．

このオプション価格を株価で偏微分した保有数は 4.2.4 項で紹介するデルタ Δ とよばれる係数である．

4.2.2 無裁定取引条件

市場に 2 つの証券価格 $X(t), Y(t)$ が存在し，次の伊藤過程で表せるとする．

$$dX(t) = \mu_x(t, X(t))dt + \sigma_x(t, X(t))dW(t)$$
$$dY(t) = \mu_y(t, Y(t))dt + \sigma_y(t, Y(t))dW(t)$$

さらに，瞬間的金利である**スポットレート** $r(t)$ によって定義される安全資産

$$B(t) = \exp\left\{\int_0^t r(s)ds\right\}$$

が存在するとする．その収益率プロセスは

$$\frac{dB(t)}{B(t)} = r(t)dt$$

である．スポットレートが可予測であることは，契約のはじめに金利を決定するものであるから，連続時間モデルでも同様に仮定できる．

$X(t)$ および $Y(t)$ の比率が x, y であるポートフォリオを考えよう．その価値を $V(t)$ とすると，自己調達戦略からその収益率のプロセスは

$$\begin{aligned}
\frac{dV(t)}{V(t)} &= \frac{xdX(t)}{X(t)} + \frac{ydY(t)}{Y(t)} \\
&= \left\{x\frac{\mu_x(t, X(t))}{X(t)} + y\frac{\mu_y(t, Y(t))}{Y(t)}\right\}dt \\
&\quad + \left\{x\frac{\sigma_x(t, X(t))}{X(t)} + y\frac{\sigma_y(t, Y(t))}{Y(t)}\right\}dW(t)
\end{aligned}$$

である．ただし保有比率は

$$x + y = 1$$

である．さらに $V(t)$ を無リスクな投資にするために

$$x\frac{\sigma_x(t, X(t))}{X(t)} + y\frac{\sigma_y(t, Y(t))}{Y(t)} = 0$$

となるように設定すると，無リスク資産の収益率が安全資産の収益率でないとき裁定取引が可能であるから，

$$x\frac{\mu_x(t, X(t))}{X(t)} + y\frac{\mu_y(t, Y(t))}{Y(t)} = r(t)$$

これら 3 つの方程式は連立方程式

$$\begin{pmatrix} 1 & 1 & 1 \\ \sigma_x(t, X(t))/X(t) & \sigma_y(t, Y(t))/Y(t) & 0 \\ \mu_x(t, X(t))/X(t) & \mu_y(t, Y(t))/Y(t) & r(t) \end{pmatrix} \begin{pmatrix} x \\ y \\ -1 \end{pmatrix} = \mathbf{0}$$

に解があるためには，第 1 項の行列式がゼロでなければならない．したがって，

$$\frac{\sigma_x(t, X(t))}{X(t)} \left\{ \frac{\mu_y(t, Y(t))}{Y(t)} - r(t) \right\} = \frac{\sigma_y(t, Y(t))}{Y(t)} \left\{ \frac{\mu_x(t, X(t))}{X(t)} - r(t) \right\}$$

すなわち，無裁定条件はそれぞれの証券の係数の比

$$\frac{\mu_x(t, X(t))/X(t) - r(t)}{\sigma_x(t, X(t))/X(t)} = \frac{\mu_y(t, Y(t))/Y(t) - r(t)}{\sigma_y(t, Y(t))/Y(t)} = -\lambda(t) \qquad (4.14)$$

が同じであることである．収益率プロセスの平均項の安全利子率からの超過分 $\mu_x(t, X(t))/X(t) - r(t)$ は**超過収益率**といわれる．つまり，式 (4.14) では収益率プロセスのボラティリティ $\sigma_x(t, X(t))/X(t)$ 当たりの超過収益率はすべての 1 次元ブラウン運動による資産価格プロセスにおいて一定であることを示している．これが**リスクの市場価格**ともよばれ，$-\lambda(t)$ と記される．リスクは負の価値をもつから $\lambda(t) < 0$ と仮定し，マイナス符号をつけている．

平均項をリスクの市場価格を用いて表すと，

$$\frac{\mu_x(t, X(t))}{X(t)} = r(t) - \lambda(t)\frac{\sigma_x(t, X(t))}{X(t)}$$

となり，収益率プロセスに代入すると，

$$\frac{dX(t)}{X(t)} = r(t)dt + \frac{\sigma_x(t, X(t))}{X(t)}\bigl(dW(t) - \lambda(t)dt\bigr)$$

である．丸山–ギルサノフ定理から，

$$W^*(t) = W(t) - \int_0^t \lambda(s)ds$$

と定義されるプロセスがブラウン運動となる．その確率測度の密度は

$$\frac{dQ_0}{dP} = \exp\left\{\int_0^T \lambda(s)dW(s) - \frac{1}{2}\int_0^T \lambda^2(s)ds\right\}$$

である．これがマルチンゲールであれば定理の条件が満たされるが，そのための条件にはノビコフ条件などがある．詳しくは Karatzas[12]，Protter[16] などを参照されたい．この確率測度 Q_0 の下で，証券価格プロセスはいずれも

$$dX(t) = r(t)X(t)dt + \sigma_x(t, X(t))dW^*(t)$$
$$dY(t) = r(t)Y(t)dt + \sigma_y(t, Y(t))dW^*(t)$$

となる．ところで，安全資産価格による相対価格プロセスに伊藤の公式を用いると，

$$d\left(\frac{X(t)}{B(t)}\right) = \frac{dX(t)}{B(t)} - \frac{X(t)}{B(t)}r(t)dt = \frac{\sigma_x(t, X(t))}{B(t)}dW^*(t)$$

それはマルチンゲールになる．したがって，

$$\frac{X(t)}{B(t)} = E_{Q_0}\left[\frac{X(T)}{B(T)}\bigg|\mathcal{F}_t\right], \quad t \leq T$$

であるから，

$$X(t) = E_{Q_0}\left[X(T)\exp\left\{-\int_t^T r(s)ds\right\}\bigg|\mathcal{F}_t\right], \quad t \leq T$$

となる．ゆえに，$X(t)$ と $B(t)$ に対する自己調達戦略によるポートフォリオ価値を $c(t)$ とすると，

$$c(t) = E_{Q_0}\left[c(T)\exp\left\{-\int_t^T r(s)ds\right\}\bigg|\mathcal{F}_t\right], \quad t \leq T$$

であり，さらに $c(T) = (S(T) - K)^+$ とすると

$$c(t) = E_{Q_0}\left[(S(T) - K)^+ \exp\left\{-\int_t^T r(s)ds\right\}\bigg|\mathcal{F}_t\right], \quad t \leq T \quad (4.15)$$

となる金利が変動する場合の一般的なオプション公式が導かれる．

4.2.3 偏微分方程式とファインマン–カッツ定理

いままでは，コールオプション価格の計算はブラウン運動の正規分布特徴から行った．本項では無裁定条件の平均項をゼロとする条件の偏微分方程式から，オプション価格のマルチンゲール性が導けることを示す．そのためには次の定理が必要である．

定理 4.5（Feynman–Kac） 確率微分方程式が区間 $[0, T]$ において，

$$dX(t) = \mu(t, X(t))dt + \sigma(t, X(t))dW(t)$$

であるとき，その初期値を $X(0) = x_0$ とする．微分演算子 $\mathcal{D}$ を関数 $V(t, x)$ に対して，

$$\mathcal{D}V(t, x) = \frac{1}{2}V_{xx}\sigma^2(t, x) + V_x\mu(t, x) + V_t$$

とおく．

偏微分方程式が関数 $\rho(t, x), u(t, x)$ に対して，

$$\mathcal{D}V(t, x) - \rho(t, x)V(t, x) + u(t, x) = 0 \quad (4.16)$$

でその終端条件が $V(T, X(T)) = g(T, X(T))$ であるときに，

$$V(t, X(t)) = E\left[\int_t^T e^{-\phi(t)}u^*(s, X(s))ds + e^{-\phi(t)}g(T, X(T))\bigg|\mathcal{F}_t\right] \quad (4.17)$$

である．ただし $\phi(t) = \int_t^T \rho(s, X(s))ds$ とする．

この有名な物理学者の名前がついている定理は伊藤の公式を使うと簡単に証明できる．まず定理の簡易版である次の補題を証明しよう．

補題 4.1 偏微分方程式が

4.2 ブラックーショールズのオプション式

$$\mathcal{D}V(t,x) + u(t,x) = 0 \tag{4.18}$$

でその終端条件が $V(T, X(T)) = g(T, X(T))$ であるときに，

$$V(t, X(t)) = E\left[\int_t^T u(s, X(s))ds + g(T, X(T))\bigg|\mathcal{F}_t\right]$$

を満たす．

証明 伊藤の公式より

$$V(T, X(T)) = V(t, X(t)) + \int_t^T \mathcal{D}V(s, X(s))ds + \int_t^T V_x\sigma(s, X(s))dW_s$$

$\mathcal{D}V(t,x) = -u(t,x)$ と終端条件を代入し，条件付き期待値をとる．

$V(t, X(t))$
$$= E\left[g(T, X(T)) + \int_t^T u(t, X(s))ds\bigg|\mathcal{F}_t\right] - E\left[\int_t^T V_x\sigma(s, X(s))dW_s\bigg|\mathcal{F}_t\right]$$

右辺第2項はマルチンゲール項であるからゼロである．ゆえに

$$V(t, X(t)) = E\left[\int_t^T u(t, X(s))ds + g(T, X(T))\bigg|\mathcal{F}_t\right] \qquad \square$$

定理の証明は $V^*(t,x) = e^{\phi(t)}V(t,x)$, $g^*(T,x) = g(T,x)$ および $u^*(t,x) = e^{\phi(t)}u(t,x)$ と定義したとき式 (4.18) の偏微分方程式

$$\mathcal{D}V^*(t,x) + u^*(t,x) = 0$$

とその終端条件 $V^*(T,x) = g^*(T,x)$ から偏微分方程式 (4.16) が導かれる．したがって，その解は

$$V(t, X(t)) = E\left[\int_t^T e^{-\phi(t)}u^*(s, X(s))ds + e^{-\phi(t)}g(T, X(T))\bigg|\mathcal{F}_t\right]$$

となる．

さて，式 (4.12) の偏微分方程式にファインマン–カッツの定理を応用してオプション式を求める方法を検討しよう．また，伊藤の公式からオプションプロセスは微分演算子を用いると

$$dc(t,S(t)) = \mathcal{D}c(t,S(t))dt + \sigma(t,S(t))c_s dW(t)$$

である．この平均項とボラティリティ項を無裁定条件式 (4.14) に代入すると，

$$\frac{\mathcal{D}c(t,S(t))/c(t,S(t)) - r(t)}{\sigma(t,S(t))c_s/c(t,S(t))} = -\lambda(t)$$

および $S(t)$ に関して，

$$\frac{\mu(t,S(t))/S(t) - r(t)}{\sigma(t,S(t))/S(t)} = -\lambda(t)$$

であるから，

$$\frac{1}{2}c_{ss}\sigma^2(t,S(t)) + c_s\mu(t,S(t)) + c_t - r(t)c(t,S(t)) - c_s(\mu(t,S(t)) - r(t)S(t)) = 0$$

が得られる．株価の平均項 $\mu(t,S(t))$ が消去されて，偏微分方程式は

$$\frac{1}{2}c_{ss}\sigma^2(t,S(t)) + c_s S(t)r(t) + c_t - r(t)c(t,S(t)) = 0$$

となる．したがって，

$$\mathcal{D}c(t,S(t)) = \frac{1}{2}c_{ss}\sigma^2(t,S(t)) + c_s S(t)r(t) + c_t$$

とおくと，ファインマン–カッツの定理の仮定する確率微分方程式は

$$dS(t) = r(t)S(t)dt + \sigma(t,S(t))dW^*(t)$$

となる．終端条件は $c(T,S(T)) = (S(T) - K)^+$ である．したがって，定理から

$$c(t,S(t)) = E_{Q_0}\left[e^{-\int_t^T r(s)ds}(S(T)-K)^+ \bigg| \mathcal{F}_t\right]$$

となり，相対価格がマルチンゲールになることを利用したマルチンゲールの方法による解 (4.15) と一致する．

ブラック–ショールズモデルでは，金利などのパラメータは定数で，$r(t) = r$, $\sigma(t,S(t)) = \sigma S(t), \mu(t,S(t)) = \mu S(t)$ である．したがってリスクの市場価値も定数で $\lambda(t) = -(\mu - r)/\sigma$ であるから，偏微分方程式 (4.12) に対するコールオプション

$$c(t,S(t)) = E_{Q_0}[e^{-r(T-t)}(S(T)-K)^+ | \mathcal{F}_t]$$

は分布を計算すると式 (4.10) のとおりに求められる．

4.2.4 ブラック–ショールズ式の感度分析 (Greek)

式 (4.13) より $\partial c/\partial S$ がオプションのヘッジのための保有数とわかったので，ブラック–ショールズ式に対して求めてみよう．式 (4.7) を $S(0)$ で偏微分すると，$\Phi(d_1)$ と $\Phi(d_2)$ も $S(0)$ の関数なので，計算はかなり煩雑になる．ところが，$c(0) = E_{Q_0}[(S^*(T) - Ke^{-rT})^+]$ であるから

$$E_{Q_0}\left[\left(S(0)\exp\left\{\sigma W^*(T) - \frac{1}{2}\sigma^2 T\right\} - Ke^{-rT}\right)^+\right] \quad (4.19)$$

を $S(0)$ で偏微分することによってこの煩雑さは回避できる．そのためには，微分と積分（期待値）の順序を変えるための次の定理が必要となる．

定理 4.6 関数

$$\psi : \Omega \times (\alpha, \beta) \to R, \quad \alpha < \beta$$

とすると，$\psi(\omega, x)$ は x に対して偏微分可能であり，その偏微分を $\psi'(\omega, x)$ とする．関数 $h : \Omega \to R$ は $x \in (\alpha, \beta)$ に対して積分可能であり，

$$|\psi'(\omega, x)| \leq h(\omega)$$

を満たす h が存在するとする．

このとき，$F(x) = E[\psi(\omega, x)]$ は x に関して微分可能で，その x の微分は

$$F'(x) = E[\psi'(\omega, x)]$$

となる（証明は伊藤 [22] の pp.95–96 参照）．

式 (4.19) では，$\psi(\omega, x) = (x)^+$ であり，$x = 0$ で微分不可能である．しかし，$\psi'(\omega, x) = \mathbf{1}_{\{x>0\}}$ とおくと，$\mathbf{1}_{\{x>0\}} \leq 1$ であるから定理の条件も満たす．この関数 $\mathbf{1}_{\{x>0\}}$ を用いて，ブラック–ショールズのオプション式の種々のパラメータに関する偏微分を求めてみよう．

(1) デルタ：Δ

株価が変化したときのオプション価格の変化率をデルタとよぶ．デルタはヘッ

ジするための株式保有数であるから，離散時点でデルタに従って保有額を調整する戦略をデルタヘッジングという．連続的に調整できれば完全に株と安全資産でオプションを複製できるが，連続的にはできないので，価格差が出てしまう．

$$\frac{\partial c(0)}{\partial S(0)} = E_{Q_0}\left[\mathbf{1}_{\{S^*(T)>Ke^{-rT}\}}\exp\left\{\sigma W^*(T)-\frac{1}{2}\sigma^2 T\right\}\right]$$

$$= E_{Q_0}\left[\mathbf{1}_{\{S^*(T)>Ke^{-rT}\}}\frac{S^*(T)}{S^*(0)}\right]$$

式 (4.5) と同様に確率の変換をして求めると

$$= \Phi(d_1)$$

累積密度関数は $\Phi(d_1) > 0$ であるから，コールオプションは株価が上昇するとその保有数を増加させ，株価が下落するとそれを減少させる．また，$\Phi(d_1) < 1$ であるから，株価の変化額よりもオプション価格の変化は小さい．

(2) ロー：ρ

利子率 r が変化したときのオプション価格の変化率をローとよぶ．

$$\rho = \frac{\partial c(0)}{\partial r} = E_{Q_0}[\mathbf{1}_{\{S^*(T)>Ke^{-rT}\}}Ke^{-rT}T]$$

式 (4.6) と同様にして

$$= Ke^{-rT}T\Phi(d_2)$$

これも正の値をとり，利子率の上昇はコールオプション価格の上昇，金利下落はその反対に価格下落となる．

(3) ベガ：Λ

株価のボラティリティ σ による偏微分をベガとよぶ．ベガはギリシャ文字ではないが，なぜかこうよばれている．しかも，そのシンボルはラムダで表す．

$$\Lambda = \frac{\partial c(0)}{\partial \sigma}$$

$$= E_{Q_0}\left[\mathbf{1}_{\{S^*(T)>Ke^{-rT}\}}S(0)\exp\left\{\sigma W^*(T)-\frac{1}{2}\sigma^2 T\right\}(W^*(T)-\sigma T)\right]$$

確率測度を Q' に変換し，$W'(T) = W^*(T) - \sigma T$ を用いて，

$$= S(0)E_{Q'}[\mathbf{1}_{\{S^*(T)>Ke^{-rT}\}}W'(T)]$$

$$= S(0)E_{Q'}[\mathbf{1}_{\{S(0)\exp(\sigma W'(t)+\frac{1}{2}\sigma^2 T)>Ke^{-rT}\}}W'(T)]$$

4.2 ブラック–ショールズのオプション式

そこでブラウン運動は標準正規確率変数 U を用いて，$W'(T) = U\sqrt{T}$ と表せるから，

$$\Lambda = S(0)\sqrt{T}E_Q\left[\mathbf{1}_{\{S(0)\exp(\sigma U\sqrt{T}+\frac{1}{2}\sigma^2 T)>Ke^{-rT}\}}U\right]$$
$$= S(0)\sqrt{T}\int_{-d_1}^{\infty}\frac{1}{\sqrt{2\pi}}e^{-u^2/2}u\,du$$

さらに $\phi(u_1)$ は標準正規分布の密度関数で原点対称であるから，

$$\int_{-d_1}^{\infty}\frac{1}{\sqrt{2\pi}}e^{-u^2/2}u\,du = \int_{-d_1}^{\infty}-\frac{d\phi(u)}{du}du$$
$$= \phi(d_1)$$

である．ゆえに

$$\Lambda = S(0)\sqrt{T}\phi(d_1)$$

となる．

したがってベガは正である．つまり，ボラティリティの増加はコールオプション価格の増加になる．オプション取引がボラティリティの取引とみなされるのはこのためでもある．

(4) セータ：Θ

オプション価格の満期時間での偏微分はセータとよばれ，Θ と記す．いままでの感度分析と同様に式 (4.7) を微分するやり方では，ブラウン運動 $W^*(T)$ の微分を考えることになる．ブラウン運動は 4.1 項で述べたとおり微分不可能であるから，これを回避しなければならない．$W^*(T)$ と $U\sqrt{T}$ は分布が同じであるから，$U\sqrt{T}$ の微分でこの問題を回避する．

$$\Theta = \frac{\partial c(0)}{\partial T}$$
$$= \frac{\partial}{\partial T}E_{Q_0}\left[(S(0)\exp\left\{\sigma U\sqrt{T}-\frac{1}{2}\sigma^2 T\right\}-Ke^{-rT})^+\right]$$
$$= E_{Q_0}\left[\mathbf{1}_{\{S(0)\exp(\sigma U\sqrt{T}-\frac{1}{2}\sigma^2 T)>Ke^{-rT}\}}\right.$$

$$\left(S(0)\exp\left\{\sigma U\sqrt{T}-\frac{1}{2}\sigma^2 T\right\}\left(\frac{\sigma U}{2\sqrt{T}}-\frac{\sigma^2}{2}\right)+rKe^{-rT}\right)\right]$$

$U\sqrt{T}$ を $W^*(T)$ に戻して,

$$= E_{Q_0}\left[\mathbf{1}_{\{S^*(T)>Ke^{-rT}\}}\left(S(0)\exp\left\{\sigma W^*(T)-\frac{1}{2}\sigma^2\right\}\left(\frac{\sigma W^*(T)}{2T}-\frac{\sigma^2}{2}\right)\right.\right.$$
$$\left.\left.+rKe^{-rT}\right)\right]$$
$$= E_{Q_0}\left[\mathbf{1}_{\{S^*(T)>Ke^{-rT}\}}S(0)\frac{dQ'}{dQ_0}\sigma\frac{W^*(T)-\sigma T}{2T}\right]+rKe^{-rT}\Phi(d_2)$$
$$= S(0)\frac{\sigma}{2T}E_{Q'}\left[\mathbf{1}_{\{S^*(T)>Ke^{-rT}\}}W'(T)\right]+rKe^{-rT}\Phi(d_2)$$

ベガ Λ を求めたときと同様にして

$$= \frac{S(0)\sigma}{2\sqrt{T}}\phi(d_1)+rKe^{-rT}\Phi(d_2)$$

となり, $\partial c(0)/\partial T>0$ である. T は満期までの時間であり, 時間の経過とともに T は減少するから, 他のパラメータ, たとえば株価が変化しないときには, コールオプション価格は下落する. これはオプションが借入をして株を保有するいわゆるレバレッジポジションにあるからである. 株価が上がらないとき, オプション価値は減少する. しかし, 株価が行使価格以下まで下がってもオプション価値はゼロ以下にはならない.

(5) ガンマ：Γ

オプション価格の株価による2回偏微分をガンマといい, Γ と記す. 1回微分がデルタであるから, これをもう一度微分すれば,

$$\Gamma = \frac{\partial^2 c(0)}{\partial S(0)^2}$$
$$= \frac{\partial}{\partial S(0)}\Phi(d_1)$$
$$= \frac{1}{S(0)\sigma\sqrt{T}}\phi(d_1)>0$$

となる. これは, コールオプション価格が $S(0)$ に関して凸関数となっていることを示している. したがって, デルタヘッジングをすると誤差は負になり, オプション価格を過小評価する. この凸性はコールオプションの式 (4.19) から直

接わかる.

$$E_{Q_0}\left[\underbrace{\left(S(0)\exp\left\{\sigma W(T)-\frac{1}{2}\sigma^2 T\right\}-Ke^{-rT}\right)^+}_{S(0)\text{ の凸関数}}\right]$$

は凸関数の平均,つまり凸結合が凸関数であることから明らかである.

4.2.5 ヨーロッパ型プットオプションとその感度分析

プットオプションの満期のペイオフの相対価格は

$$\frac{p(T)}{B(T)}=(Ke^{-rT}-S^*(T))^+$$

である.任意の実数 x を正の数 x^+ と負の数の絶対値 x^- で表すと

$$x=x^+-x^-$$

であり,また $x^-=(-x)^+$ であるから

$$S^*(T)-Ke^{-rT}=(S^*(T)-Ke^{-rT})^+-(S^*(T)-Ke^{-rT})^-$$
$$=(S^*(T)-Ke^{-rT})^+-(Ke^{-rT}-S^*(T))^+$$

であり,右辺の第1項がコールオプション,第2項がプットオプションの満期のペイオフとなる.したがって時点0でのプットオプションの価格は

$$p(0)=E_{Q_0}\left[\frac{p(T)}{B(T)}\right]=E_{Q_0}[(Ke^{-rT}-S^*(T))^+]$$
$$=E_{Q_0}[(S^*(T)-Ke^{-rT})^+-(S^*(T)-Ke^{-rT})]$$
$$=c(0)-S(0)+Ke^{-rT}$$

となる.最後の式は $S^*(T)$ がマルチンゲールであることを使った.この関係は**プット・コールパリティ**とよばれる.

$$c(0)-p(0)=S(0)-Ke^{-rT}$$

つまり,コールオプションを買い,プットオプションを売ったポジション(ポートフォリオ)は借入をして株を買ったポジションと等しい.したがってヨーロッパ型プットオプションの価格は式 (4.9) を代入して

$$p(0) = c(0) - S(0) + Ke^{-rT} = S(0)(\Phi(d_1) - 1) - Ke^{-rT}(\Phi(d_2) - 1)$$
$$= -S(0)\Phi(-d_1) + Ke^{-rT}\Phi(-d_2)$$

となる．プットオプションの感度分析はこの式とすでに求めたコールオプションの偏微分から得られる．

(1) デルタ：Δ_p

$$\Delta_p = \frac{\partial p(0)}{\partial S(0)} = \frac{\partial c(0)}{\partial S(0)} - 1 = \Delta_c - 1$$
$$= \Phi(d_1) - 1 = -\Phi(-d_1)$$

プットオプションのデルタは $-\Phi(-d_1) < 0$ であり，ヘッジ戦略に等しいから株式のポジションは空売りの状態である．また，偏微分が負であることはプットオプションは株価が上昇するとその保有数を減少させ，株価が下落するとそれを増加させることになる．さらに $\Phi(-d_1) < 1$ であるから，株価の変化額よりもオプション価格の変化は小さい．

(2) ロー：ρ_p

利子率が変化したときのプットオプションの価値の変化は

$$\rho_p = \frac{\partial p(0)}{\partial r} = \frac{\partial c(0)}{\partial r} - KTe^{-rT}$$
$$= Ke^{-rT}T(\Phi(d_2) - 1)$$

これも負の値をとり，利子率の上昇はプットオプション価格の下落，金利下落はその反対に価格上昇となる．

(3) ベガ：Λ_p

株価のボラティリティ σ の変化によるプットオプションの変化は，

$$\Lambda_p = \frac{\partial p(0)}{\partial \sigma}$$
$$= \frac{\partial c(0)}{\partial \sigma}$$
$$= S(0)\sqrt{T}\phi(d_1)$$
$$= \Lambda_c$$

となる．したがって，プットオプションのベガはコールオプションと等しくな

4.2 ブラック–ショールズのオプション式

り，正である．ボラティリティの増加はプットオプション価格も増加になる．

(4) セータ：Θ_p

$$\Theta_p = \frac{\partial c(0)}{\partial T} - rKe^{-rT}$$
$$= \frac{S(0)\sigma}{2\sqrt{T}}\phi(d_1) + rKe^{-rT}(\Phi(d_2) - 1)$$
$$= \frac{S(0)\sigma}{2\sqrt{T}}\phi(d_1) - rKe^{-rT}\Phi(-d_2)$$

プットオプションの時間経過の影響は，コールオプションのように明らかではない．

(5) ガンマ：Γ_p

$$\Gamma_p = \frac{\partial^2 p(0)}{\partial S(0)^2}$$
$$= -\frac{\partial}{\partial S(0)}\Phi(-d_1)$$
$$= \frac{1}{S(0)\sigma\sqrt{T}}\phi(d_1) > 0$$

となり，プットオプション価格も $S(0)$ に関して凸関数となっていることを示している．したがってデルタヘッジングをすると誤差が負の値で求められ，オプション価格を過小評価することになる．この凸性はプットオプションの式 (4.19) からもわかる．

$$E_{Q_0}\Big[\underbrace{\Big(Ke^{-rT} - S(0)\exp\Big\{\sigma W(T) - \frac{1}{2}\sigma^2 T\Big\}\Big)^+}_{S(0)\text{ の凸関数}}\Big]$$

は，凸関数の凸結合であるから凸関数である．

4.2.6 確率測度変換によるプットオプション価格

ニューメレールを株価の相対価格 $S^*(t)$ とする同値マルチンゲール確率に変換して，プットオプション価格を直接求めてみよう．

$S^*(t)$ をニューメレールとする同値マルチンゲール確率を Q' とすると，その

ラドン–ニコディム密度は，2.2.4 項を多期間にすると

$$\frac{dQ'}{dQ_0} = \frac{S(T)}{S(0)B(T)} = \frac{S^*(T)}{S(0)}$$

である．プットオプション価格は

$$\begin{aligned}
p(0) &= E_{Q_0}[(Ke^{-rT} - S^*(T))^+] \\
&= E_{Q'}\left[\frac{dQ_0}{dQ'}(Ke^{-rT} - S^*(T))^+\right] \\
&= E_{Q'}\left[\frac{S(0)}{S^*(T)}(Ke^{-rT} - S^*(T))^+\right] \\
&= E_{Q'}\left[\left(\frac{Ke^{-rT}S(0)}{S^*(T)} - S(0)\right)^+\right] \\
&= Ke^{-rT}E_{Q'}\left[\left(\frac{S(0)}{S^*(T)} - S(0)\frac{e^{rT}}{K}\right)^+\right]
\end{aligned}$$

となる．ところで，

$$\begin{aligned}
E_{Q'}\left[\frac{1}{S^*(T)}\right] &= E_{Q_0}\left[\frac{1}{S^*(T)}\frac{dQ'}{dQ_0}\right] \\
&= \frac{1}{S(0)}
\end{aligned}$$

であるから，$1/S^*(t)$ は Q' マルチンゲールである．$X(t) = 1/S^*(t)$ とおくと，

$$p(0) = Ke^{-rT}S(0)E_{Q'}\left[\left(X(T) - \frac{e^{rT}}{K}\right)^+\right]$$

したがって，プットオプションは $X(t)$ に対する行使価格 e^{rT}/K のコールオプションを $Ke^{-rT}S(0)$ 倍したものである．実際，確率測度 Q_0 の下での $X(t)$ のプロセスに伊藤の公式を用いると，

$$\begin{aligned}
dX(t) &= -\frac{1}{S^{*2}(t)}\sigma S^*(t)dW^*(t) + \frac{1}{S^{*3}(t)}S^{*2}(t)\sigma^2 dt \\
&= -\frac{1}{S^*(t)}\sigma(dW^*(t) - \sigma dt)
\end{aligned}$$

となり，確率測度 Q' の下では丸山–ギルサノフの定理から

$$\frac{dQ'}{dQ_0} = \exp\left\{\sigma W^*(t) - \frac{1}{2}\sigma^2 t\right\}$$

$W'(t) = W^*(t) - \sigma t$ がブラウン運動になるから，

$$dX(t) = -\sigma X(t)dW'(t)$$

という確率微分方程式が得られる．その解は

$$X(T) = X(0)\exp\left\{-\sigma W'(T) - \frac{1}{2}\sigma^2 T\right\}$$

であるから，プットオプション価格は

$$\begin{aligned}
p(0) &= Ke^{-rT}S(0)E_{Q'}\left[X(T)\mathbf{1}_{\{X(T)>e^{rT}/K\}}\right] - S(0)E_{Q'}\left[\mathbf{1}_{\{X(T)>e^{rT}/K\}}\right] \\
&= Ke^{-rT}S(0)E_{Q_0}\left[\frac{dQ'}{dQ_0}X(T)\mathbf{1}_{\{X(T)>e^{rT}/K\}}\right] \\
&\quad -S(0)E_{Q'}\left[\mathbf{1}_{\{X(T)>e^{rT}/K\}}\right] \\
&= Ke^{-rT}S(0)E_{Q_0}\left[\frac{S^*(T)}{S(0)}X(T)\mathbf{1}_{\{X(T)>e^{rT}/K\}}\right] \\
&\quad -S(0)E_{Q'}\left[\mathbf{1}_{\{X(T)>e^{rT}/K\}}\right] \\
&= Ke^{-rT}E_{Q_0}\left[\mathbf{1}_{\{S^*(T)<Ke^{-rT}\}}\right] - S(0)E_{Q'}\left[\mathbf{1}_{\{X(T)>e^{rT}/K\}}\right]
\end{aligned}$$

となる．最後の式の第 1 項は

$$X(T) > \frac{e^{rT}}{K} \leftrightarrow S^*(T) < Ke^{-rT}$$

から導かれる．確率測度 Q_0 の下では，

$$S^*(T) = S(0)\exp\left\{\sigma W^*(T) - \frac{1}{2}\sigma^2 T\right\} < Ke^{-rT}$$

$$W^*(T) < -\frac{1}{\sigma}\left(\log\frac{S(0)}{K} + \left(r - \frac{1}{2}\sigma^2\right)T\right)$$

$W^*(T)$ は平均 0 分散 T の正規分布に従うので，

$$E_{Q_0}\left[\mathbf{1}_{\{S^*(T)<Ke^{-rT}\}}\right] = \Phi(-d_2)$$

また確率測度 Q' の下では，

$$X(T) = X(0)\exp\left\{-\sigma W'(T) - \frac{1}{2}\sigma^2 T\right\} > \frac{e^{rT}}{K}$$

$$W'(T) < -\frac{1}{\sigma}\left(\log\frac{S(0)}{K} + \left(r + \frac{1}{2}\sigma^2\right)T\right)$$

$W'(T)$ も平均 0 分散 T の正規分布に従うので,

$$E_{Q'}\left[\mathbf{1}_{\{X(T) > \frac{e^{rT}}{K}\}}\right] = \Phi(-d_1)$$

となり,プットオプション価格は

$$\begin{aligned}
p(0) &= Ke^{-rT}\Phi(-d_2) - S(0)\Phi(-d_1) \\
&= Ke^{-rT}(1 - \Phi(d_2)) - S(0)(1 - \Phi(d_1)) \\
&= S(0)\Phi(d_1) - Ke^{-rT}\Phi(d_2) - S(0) + Ke^{-rT} \\
&= c(0) - S(0) + Ke^{-rT}
\end{aligned}$$

であり,パリティ条件も確認できる.

4.3 先渡し契約と先物契約

危険資産 $S(t)$ と安全資産 $B(t)$ および満期日 T の割引債 $B(t,T)$ が存在し,時点 $0 = t_0, t_1, \cdots, t_n = T$ で取引可能であるとしよう.ただし安全資産は,スポットレート $r(t)$ によって,

$$B(0) = 1, \quad B(t) = \exp\left\{\int_0^t r(s)ds\right\}$$

とする.

満期日 T の時刻 t における割引債価格プロセスは $B(t,T) > 0$ であり,満期には $B(T,T) = 1$ である.リスク中立確率 Q_0 の下で,マルチンゲールであるから

$$E_{Q_0}\left[\frac{B(T,T)}{B(T)}\bigg|\mathcal{F}_t\right] = \frac{B(t,T)}{B(t)}$$

を満たす.したがって,割引債価格は

$$B(t,T) = E_{Q_0}\left[\exp\left\{-\int_t^T r(s)ds\right\}\bigg|\mathcal{F}_t\right]$$

である．また，ニューメレールが安全資産 $B(t)$ である同値マルチンゲール測度を Q_0 とし，ニューメレールが割引債 $B(t,T)$ である同値マルチンゲール測度を Q^T とする．

4.3.1 先 渡 し 契 約

定義 4.3 財または証券価格 $S(t)$ に対する満期 T の先渡し契約とは，時点 0 に決めた先渡し価格 F で，満期時点 T に財または証券を 1 単位売買する契約である．

契約において，満期に購入する側をロングポジションといい，売却する側をショートポジションという．したがって，満期におけるロングポジションのペイオフは $S(T) - F$ であり，ショートポジションのペイオフは $F - S(T)$ である．

無裁定取引条件を満たす先渡し価格を考えよう．ニューメレールを $B(t,T)$ として，裁定取引が存在しないなら Q^T が存在するから，ロングポジションの初期の価値 V_0 は

$$\frac{V_0}{B(0,T)} = E_{Q^T}\left[\frac{V_T}{B(T,T)}\right]$$

$B(T,T) = 1$ であるから

$$= E_{Q^T}\left[\frac{S_T}{B(T,T)}\right] - F$$

$S(t)/B(t,T)$ は Q^T マルチンゲールであるから

$$= \frac{S_0}{B(0,T)} - F$$

したがって，

$$V_0 = S(0) - FB(0,T) \tag{4.20}$$

となる．先渡し契約では契約時に金銭の授受はなく，先渡し価格決定の契約だけをする．したがって，$V_0 = 0$ でなければならない．これから先渡し価格が $F = S(0)/B(0,T)$ と定まる．T の先渡し価格をマルチンゲールにする測度は

Q^T であるから，Q^T は **T 先渡し測度** (T-forward measure) ともよばれる．

先渡しロングポジションの複製戦略は式 (4.20) から明らかなように，危険資産 $S(0)$ を1単位保有し，安全資産 $B(0,T)$ を F 単位売却している戦略と等しい．すなわち，$S(0)$ 円の借入をして危険資産を購入したことになるので，初期投資額はゼロである．先渡し価格を行使価格に等しい $F = K$ とすると，先渡し契約のペイオフ $S(t) - K$ は負の値もとるから第1章でも述べたとおり，ヨーロッパ型コールオプションより満期でのリスクは大きい．一方ブラック–ショールズコールオプションにおける複製戦略の証券保有数は $\Phi(d_1) < 1$ だから先渡し契約より価格変動リスクは小さい．

4.3.2 先物契約

定義 4.4 先物契約とは次の4条件を満たす契約である．
1. 先物価格は t_n で決定され f_n とする．
2. 時刻 t_n で先物契約ロングポジション側は $f_n - f_{n-1}$ を清算する．
3. 満期時点の先物価格は $f_N = S(T)$ である．
4. 先物契約は取引日にいつでも契約を開始あるいは終了できる．

先渡し契約が契約時点 0 から満期時点 T まで変更できないのに比べて，先物契約は先物価格を値洗い日に改定し，その差額を清算する．これによって先物契約はいつでも開始あるいは終了できる．

無裁定取引条件を満たす先物価格を考えよう．時点 t_{N-1} に先物契約を開始すると，満期日 T のペイオフは

$$f_N - f_{N-1} = S(T) - f_{N-1}$$

である．契約時には投資資金は不要なので保有数を $\exp\left\{\int_{t_{N-1}}^{T} r(s) ds\right\}$ とし，

$$E_{Q_0}\left[\left.\frac{S(T) - f_{N-1}}{B(T)}\right|\mathcal{F}_{N-1}\right] = 0$$

において $B(T)$ は $\mathcal{F}_{N-1}$ 可測だから

$$f_{N-1} = E_{Q_0}[S(T)|\mathcal{F}_{N-1}]$$

となる．同様に，t_{N-2} では

$$f_{N-2} = E_{Q_0}[f_{N-1}|\mathcal{F}_{N-2}]$$
$$= E_{Q_0}[E_{Q_0}[S(T)|\mathcal{F}_{N-1}]|\mathcal{F}_{N-2}]$$
$$= E_{Q_0}[S(T)|\mathcal{F}_{N-2}]$$

したがって，一般的に任意の k に対して，

$$f_k = E_{Q_0}[f_N|\mathcal{F}_k]$$

となり，Q_0 マルチンゲールである．

先物価格は派生証券価格のように相対価格がマルチンゲールになるのではなく，先物価格自身がマルチンゲールとなる．

これは先物価格が契約数量に関係するからである．先物契約のロングポジションの第 $N-1$ 期の価値を V_{N-1} とすると，

$$\frac{V_{N-1}}{B(t_{N-1})} = E_{Q_0}\left[\left.\frac{V_N}{B(t_N)}\right|\mathcal{F}_{N-1}\right]$$
$$= E_{Q_0}\left[\left.\frac{S(T) - f_{N-1}}{B(t_N)}\right|\mathcal{F}_{N-1}\right]$$
$$= \frac{S(t_{N-1})}{B(t_{N-1})} - E_{Q_0}\left[\left.\frac{f_{N-1}}{B(t_N)}\right|\mathcal{F}_{N-1}\right]$$

であるから，

$$V_{N-1} = S(t_{N-1}) - f_{N-1}E_{Q_0}\left[\left.\exp\left\{-\int_{t_{N-1}}^T r(s)ds\right\}\right|\mathcal{F}_{N-1}\right]$$
$$= S(t_{N-1}) - f_{N-1}B(t_{N-1}, T)$$

先物価格が割引債券の売却数であることを示している．

また，先渡し契約の価値は T 先渡し測度に対してマルチンゲールであるが，先物価格はリスク中立測度に対してマルチンゲールであることにも注意しよう．

4.3.3 ポートフォリオインシュアランスとデルタヘッジング

元手を保障する投資戦略はポートフォリオインシュアランスとよばれる．危険資産に投資開始後 N 年で危険資産価格が下落したときに，K 円を保証するための初期投資がいくら必要か考えてみよう．

最も単純には，満期 N 年で行使価格 K 円のヨーロッパ型コールオプションを $c(0)$ 円で買うと，満期には $(S(N) - K)^+$ 円が受け取れる．加えて N 年後に K 円受け取るために，満期 N 年の割引債を K 単位購入し，$KB(0,T)$ 円を支払う．初期投資の合計 $c(0) + KB(0,T)$ 円でポートフォリオインシュアランスが可能となる．

これにプット・コールパリティ条件 $c(0) - p(0) = S(0) - KB(0,T)$ を用いると，

$$c(0) + KB(0,T) = S(0) + p(0)$$

となる．つまり，満期と行使価格の等しいプットオプションを，危険資産に投資したときに同時に購入すると，投資価値は行使価格以下にはならない．このようなプットオプション投資は**プロテクトプット**とよばれる．したがって，危険資産を買い，満期に K 円以上を受け取るための保険料はプット価格である．

しかし，市場で購入可能なオプションは高々6ヶ月であるが，実際に下落に対する保証が必要な投資は年金などのように一般的に長期である．このためにオプションの複製するデルタヘッジングが用いられる．1年間にポートフォリオ組換えを等間隔で m 回行うとする．デルタヘッジングは 4.2.1 項の式 (4.13) から，時点 t_{k-1} の株式の保有数は $k = 1, \cdots, mN$ に対して，$\Delta = x(t_k) = c_s(t, S(t_{k-1})) = \Phi(d_1)$ であり，安全資産は $y(t_k) = \{c(t_{k-1}) - \Delta S(t_{k-1})\}/B(t_{k-1})$ 単位である．デルタヘッジはコールオプションが凸関数であるから，株価上昇に対しては少ない株式投資になり，株価下降時には過大に株式を減少させる特徴がある．

また，時点数が増えて，株式の売買回数が増えるとその手数料は大きい．そこで，先物契約を用いるとこの費用が軽減される．つまり，初期に安全資産を $c(t_0) + KB(0,T)$ 円保有し，先物契約を時点 t_{k-1} に $\Phi(d_1(t_{k-1}))$ 単位とすればよい．ただし，$v = T - t_k$ とすると，

$$d_1(t_k) = \frac{\log S(t_k)/K + rv + \sigma^2 v/2}{\sigma\sqrt{v}}$$

である．

4.4 アメリカ型オプション

ヨーロッパ型オプションはその行使日が満期時 T だけに限定されるのに対して，アメリカ型オプションはオプション契約直後から満期時までいつでも，オプションの権利行使が可能である．したがって，アメリカ型オプションではいつ権利行使するのが最も有利であるか，利益を最大にできるかの問題を考えなければならない．

コールオプションでは T までの株価が最大のときに行使すればよいのだが，株価の最大値を知るのは T 以降であり，そのときは行使の時期は過ぎ去っている．この未来のことは不確定で，過去のことはすべて明らかであるという関係をフィルトレーションによって表す．行使する時間は株価に依存する確率事象であり，それを $\tau(\omega)$ とすると，$\tau(\omega)$ は過去の事象にだけ依存する．すべての t に対して，

$$\{\omega | \tau(\omega) \leq t\} \in \mathcal{F}_t$$

が成り立つとき，$\tau(\omega)$ を**停止時間** (stopping time) とよぶ．

オプションが時刻 t において行使されたときの価値に対する安全資産による相対価格を $X(t)$ としよう．コールオプションの場合には $X(t) = (S(t)^* - Ke^{-rt})^+$ であり，プットオプションの場合には，$X(t) = (Ke^{-rt} - S(t)^*)^+$ である．

$X(\tau)$ は $\mathcal{F}_\tau$ 可測である．ただし，すべての $t \leq T$ に対して，停止時間に対するシグマ集合体を

$$\mathcal{F}_\tau = \{A \subset \Omega | A \cap \{\tau \leq t\} \in \mathcal{F}_t\}$$

と定義すると，

1. $\phi \in \mathcal{F}_\tau$
2. $A_i \in \mathcal{F}_\tau (i=1,\cdots,n)$ のとき，$A_1 \cap \cdots \cap A_n \in \mathcal{F}_\tau$
3. $A^c \cap \{\tau \leq t\} = \{\tau \leq t\} \backslash \{A \cap \{\tau \leq t\}\} \in \mathcal{F}_\tau$

とシグマ集合体の条件を満たしている．

4.4.1 アメリカ型コールオプション

コールオプションであるから行使したときの相対価値を $X(t) = (S^*(t) - Ke^{-rt})^+$ とする．$S^*(t)$ は Q_0 マルチンゲールであり，$r \geq 0$ であるから Ke^{-rt} は減少関数である．したがって，$S^*(t) - Ke^{-rt}$ は劣マルチンゲールである．明らかに $(S^*(t) - Ke^{-rt})^+$ も劣マルチンゲールである．したがって

$$X(t) \leq E_{Q_0}[X(T)|\mathcal{F}_t]$$

である．任意の停止時間 τ に対して，条件付き期待値のタワールールを用いると

$$E_{Q_0}[(S^*(\tau) - Ke^{-r\tau})^+] \leq E_{Q_0}[(S^*(T) - Ke^{-rT})^+]$$

であり，オプションの時刻 0 での価値は，権利行使時刻が遅いものが大きい．したがって，アメリカ型オプションは，行使時刻を遅くすれば価値が増加する．つまり，満期までの保有が価値を最大にする．ゆえに，アメリカ型コールオプション価格はヨーロッパ型に等しい．

さらに，行使時刻の決定問題を考えてみよう．コールオプションを τ で行使したときの相対価値は $(S^*(\tau) - Ke^{-r\tau})^+$ であり，行使しないときの τ における相対価値は $E_{Q_0}[(S^*(T) - Ke^{-rT})^+|\mathcal{F}_\tau]$ となる．イェンセン (Jensen) の不等式から，

$$E_{Q_0}[(S^*(T) - Ke^{-rT})^+|\mathcal{F}_\tau] \geq (E_{Q_0}[S^*(T) - Ke^{-rT}|\mathcal{F}_\tau])^+ \quad (4.21)$$
$$= (S^*(\tau) - Ke^{-rT})^+ \geq (S^*(\tau) - Ke^{-r\tau})^+$$

となり，満期 T 以前の権利行使は有利でない．したがって，その最適停止時間，つまりコールオプションの最適行使時間は T である．このことからも，アメリカ型コールプションはヨーロッパ型コールオプションに等しい．

定理 4.7（イェンセンの不等式） $f(x)$ が凸関数であるとき，シグマ集合体 $\mathcal{F}_t \subset \mathcal{F}$ の条件付き期待値は

$$f(E[X|\mathcal{F}_t]) \leq E[f(X)|\mathcal{F}_t]$$

を満たす．

関数が微分可能であれば $E[X|\mathcal{F}_t]$ のまわりにテーラー展開することから，上式

は明らかになる．ところが，オプションのペイオフの関数 $f(x) = (x)^+$ はゼロで微分不能であるから，一般的に証明しよう．

証明

$$g_n(x) = c_n x + b_n$$

とする．凸関数は $g_n(x)$ が包絡線となり，

$$f(x) = \sup_n \{g_n(x) | g_n(x) \le f(x)\}$$

$$\begin{aligned}
E[f(X)|\mathcal{F}_t] &= E[\sup_n \{g_n(X) | g_n(x) \le f(x)\} | \mathcal{F}_t] \\
&\ge \sup_n E[c_n X + b_n | \mathcal{F}_t] \\
&= \sup_n (c_n E[X|\mathcal{F}_t] + b_n) \\
&= f(E[X|\mathcal{F}_t])
\end{aligned}$$

□

4.4.2 アメリカ型プットオプション

プットオプションを行使したときの価値の相対価格は

$$X(t) = (Ke^{-rt} - S(t)^*)^+$$

で，$S^*(t)$ は Q_0 マルチンゲールであり，Ke^{-rt} は減少関数である．したがって，$(Ke^{-rt} - S^*(t))$ は優マルチンゲールである．しかし，$(Ke^{-rt} - S^*(t))^+$ は負をゼロに切上げする関数なので，減少する性質を変えてしまい優マルチンゲールにはならない．したがって，コールオプションと同じ論理は使えない．

プットオプション価格は最適行使時点を用いて次のように表せる．

$$sup_\tau E_{Q_0}[(Ke^{-r\tau} - S^*(\tau))^+]$$

この問題を行使できる時点 $t = 0, 1, \cdots, T$ に対して考えてみよう．離散時間プロセス $X(t)$ に対して**スネル包絡線** (Snell envelope) $Y(t)$ が再帰的に定式化できる．

1. 時点 T では必ず行使するのでその価値を $Y(T) = X(T)$ とする．

2. 時点 $T-1$ では行使するかしないかの価値の大きいほうを $Y(T-1) = \max(X(T-1), E_{Q_0}[Y(T)|\mathcal{F}_{T-1}])$ とする．
3. 同様に $Y(T-2), \cdots, Y(1), Y(0)$ を定義する．

アメリカ型オプションの最適行使時間に関するスネル包絡線に対して次の命題が成り立つ．

定理 4.8
1. プロセス $X(t)$ が Q_0 で積分可能ならば，$Y(t)$ も積分可能である．
2. $Y(t)$ は優マルチンゲールで，すべての時刻 t において，

$$Y(t) \geq X(t)$$

3. 任意の停止時刻 τ に対して，

$$Y(0) \geq E_{Q_0}[Y(\tau)]$$

4. プロセス $\{Y(t)\}_{t=0,\cdots,T}$ は，$Y(t) \geq X(t)$ を満たす最小の優マルチンゲールである．
5. $\tau_0 = \inf\{t|Y(t) = X(t)\}$ を満たす最初の停止時刻とすると，

$$\{Y(t \wedge \tau_0)\}_{t=0,\cdots,T} \text{はマルチンゲール} \qquad (4.22)$$

ただし $t \wedge \tau = \min(t, \tau)$ である．したがって，

$$Y(0) = E_{Q_0}[Y(\tau_0)] = E_{Q_0}[X(\tau_0)]$$

ゆえに，

$$Y(0) \geq sup_\tau E_{Q_0}[X(\tau)]$$

以上から τ_0 が最適行使時刻である．

証明 (4.22) について示す．

$$Y(t) = \max(X_t, E_{Q_0}[Y(t+1)|\mathcal{F}_t])$$

であるが，t で行使しないときは $Y(t) = E_{Q_0}[Y(t+1)|\mathcal{F}_t]$ である．この $Y(t)$ がマルチンゲールであることを利用して

$$Y(t \wedge \tau_0) = E_{Q_0}[Y(t+1 \wedge \tau_0)|\mathcal{F}_t]$$

を示す.

$E_{Q_0}[Y(t+1 \wedge \tau_0)|\mathcal{F}_t]$
$= E_{Q_0}\left[Y(t+1 \wedge \tau_0)\mathbf{1}_{\{\tau_0 \leq t\}}|\mathcal{F}_t\right] + E_{Q_0}\left[Y(t+1 \wedge \tau_0)\mathbf{1}_{\{\tau_0 > t\}}|\mathcal{F}_t\right]$

$Y(\tau_0)\mathbf{1}_{\{\tau_0 \leq t\}}$ および $\mathbf{1}_{\{\tau_0 > t\}}$ は $\mathcal{F}_t$ 可測であるから

$= Y(\tau_0)\mathbf{1}_{\{\tau_0 \leq t\}} + E_{Q_0}[Y(t+1)|\mathcal{F}_t]\mathbf{1}_{\{\tau_0 > t\}}$
$= Y(\tau_0)\mathbf{1}_{\{\tau_0 \leq t\}} + Y(t)\mathbf{1}_{\{\tau_0 > t\}}$
$= Y(t \wedge \tau_0)$ □

この定理を用いたアメリカ型プットオプションを求める単純な回帰分析によるアルゴリズムが Longstaff, Schwartz[14] によって提案され,その理論付けも Clément ら [3] によって行われている.

4.4.3 配当があるときのアメリカ型コールオプション価格

いままでの議論はすべて配当支払いがないと仮定したが,ほとんどの株式は決算期ごとに配当がある.配当は利益が計上できたときに支払われ,ある決算時に配当が支払われるかどうか,およびその規模は利益に依存する確率事象である.しかし単純化した場合として,確定した時点 t_k に 1 株当たり d 円の一定の配当があるときを考えよう.

株式はその株式会社の 1 株当たりの価値を表しているので,配当をする前と後では次の等式が成り立つ. t_{k-} は配当前の時刻, t_k は配当後の時刻とする.

$$S_{t_{k-}} - d = S_{t_k}$$

株価の相対価格 $S^*(t)$ は配当があるときにはマルチンゲールではない.そこで,マルチンゲールとなるプロセス $Z(t)$ を次のように定義する.

$$Z(t) = \begin{cases} S^*(t), & t < t_k \\ S^*(t) + de^{-rt_k}, & t \geq t_k \end{cases}$$

4.4.1 項の配当を考慮しないアメリカ型コールオプションから

$$(Z(t) - Ke^{-rt}) \leq E_{Q_0}[(Z(T) - Ke^{-rT})|\mathcal{F}_t]$$

t_k の直前は

$$S^*(t_k) + de^{-rt_k} - Ke^{-rt_k} > E_{Q_0}[(Z(T) - Ke^{-rT})|\mathcal{F}_{t_k}] = Z(t_k) - Ke^{-rT}$$

であるから配当支払いがある直前に行使するのが最適である.

4.4.4 永久アメリカ型オプション

アメリカ型オプションであり,満期が限定なく無限先でも行使できるオプションは永久アメリカ型オプションとよばれ,比較的簡単にその価格が決定できる.アメリカ型オプションはプットオプションにその特徴があるので,プットオプションを考える.リスク中立確率 Q_0 の下で株価プロセスは

$$dS(t) = rS(t)dt + \sigma S(t)dW^*(t)$$

であった.価格が L にはじめて到達したときにオプションを行使し,その時刻を

$$\tau = \inf\{t|S(t) \leq L\}$$

とする.L が与えられたときのオプション価格は,ブラウン運動の停止時間に関する特徴[*1)]から $V(S(t),L)$ とできる.伊藤の公式から

$$dV(S(t),L) = \left\{V_s rS(t) + \frac{1}{2}\sigma^2 S^2(t)V_{ss}\right\}dt + V_s \sigma S(t)dW^*(t)$$

であり,L は固定されているので $V_s = dV/dS, V_{ss} = d^2V/dS^2$ である.相対価格プロセス $V^*(t) = V(S(t),L)/B(t)$ はリスク中立確率の下でマルチンゲールであるから,

$$\begin{aligned}dV^*(t) &= e^{-rt}dV(S(t),L) - re^{-rt}V(S(t),L)dt\\ &= e^{-rt}\left\{V_s rS(t) + \frac{1}{2}\sigma^2 S^2(t)V_{ss} - rV\right\}dt + e^{-rt}V_s \sigma S(t)dW^*(t)\end{aligned}$$

の平均項はゼロでなければならない.常微分方程式

$$rS(t)V'(S(t),L) + \frac{1}{2}\sigma^2 S^2(t)V''(S(t),L) - rV(S(t),L) = 0$$

[*1)] K.Itô[11] を参照.

であり，その一般解は

$$V(S(t), L) = a_1 S(t) + a_2 S(t)^{-\alpha}, \quad \alpha = 2\frac{r}{\sigma^2}$$

であることが解を代入すると確認できる．境界条件は任意の L に対して，$S(t) \to \infty$ のときに $V(S(t), L) \to 0$ と，$V(L, L) = K - L$ である．したがって，$a_1 = 0$ および

$$V(L, L) = K - L = a_2 L^{-\alpha}$$

から $a_2 = (K - L)L^{2r/\sigma^2}$ である．ゆえに，

$$V(S(t), L) = (K - L)\left(\frac{L}{S(t)}\right)^\alpha$$

オプションの価値の最大化は

$$\max_L V(S(t), L) = \max_L (K - L)\left(\frac{L}{S(t)}\right)^\alpha$$

$\partial V/\partial L = 0$ から最大は

$$L^* = \frac{\alpha}{\alpha + 1} K$$

のときであり，そのときの最大値は

$$V(S(t), L^*) = \frac{1}{\alpha}\left(K\frac{\alpha}{\alpha + 1}\right)^{\alpha+1} S(t)^{-\alpha}$$

である．

4.5 偏微分方程式の数値解析

派生証券価格を計算するときに，ブラック–ショールズ式のような解析的解が求められない場合が多い．その対処法は，大別して3つの方法がある．第1の方法は，価格プロセスを離散プロセスで近似し，2項モデルのような再帰的方法を用いるものである．この方法の大略は3.3節の2項モデルで解説した．第2の方法は，本章のテーマである無裁定条件から得られた偏微分方程式の数値解を求める方法である．第3の方法は，確率微分方程式で記述される価格プロ

セスのサンプルデータを発生し,マルチンゲール確率の下の期待値を計算するモンテカルロ法である.この方法については小川 [25] を参照されたい.

簡単な偏微分方程式から始めよう.満期時のペイオフが定まっているヨーロッパ型派生証券価格はコールまたはプットにかかわらず,その価格 $u(t,x)$ が満たす偏微分方程式を式 (4.12) と同様に

$$\begin{cases} \mathcal{L}u(t,x) + \partial u(t,x)/\partial t - r(t)u(t,x) = 0, \quad t < T, x \in R \\ u(T,x) = g(x) \end{cases} \quad (4.23)$$

とできる.ただし微分演算子 $\mathcal{L}$ は Dynkin オペレータとよばれ,関数 $u(t,x)$ に対して,

$$\mathcal{L}u(t,x) = b(t,x)\frac{\partial u(t,x)}{\partial x} + \frac{1}{2}a(t,x)\frac{\partial^2 u(t,x)}{\partial x^2}$$

とする.明らかに 4.2.3 項の微分演算子とは

$$\mathcal{L}u(t,x) + \frac{\partial u(t,x)}{\partial t} = \mathcal{D}u(t,x)$$

の関係がある.また一般的なオプションでは $a(t,x) = \sigma^2(t,x), b(t,x) = r(t)x$ であるが,まず単純なブラック–ショールズモデルのように係数が時間に依存しなく状態変数だけに依存する $a(x), b(x)$ を考える.さらに金利も一定で $r(t) = r$ とする.オプションの価格は,終端条件がコールでは $g(x) = (x - K)^+$ であり,プットでは $g(x) = (K - x)^+$ である.

x のとりうる値の上下限を A, B とし,区間 $[A, B]$ を n 分割する.分割幅は $\delta = (B - A)/n$ であり,格子点を

$$x_i = A + \delta i, \quad i = 0, \cdots, n$$

と定め,求める $u(t,x)$ の x_i に対する数値解を $U(t, x_i)$ とする.式 (4.23) の終端条件から,

$$U(T, x_i) = g(x_i), \quad i = 0, \cdots, n$$

と求められる.

4.5.1 状態変数の離散近似

状態変数 x に対する偏微分の数値近似は次のような中心差分を用いる.

$$\frac{\partial u(t, x_i)}{\partial x} \approx \frac{u(t, x_{i+1}) - u(t, x_{i-1})}{2\delta} \tag{4.24}$$

$$\frac{\partial^2 u(t, x_i)}{\partial x^2} \approx \frac{u(t, x_{i+1}) - 2u(t, x_i) + u(t, x_{i-1})}{\delta^2} \tag{4.25}$$

中心差分は,一般的な近似である

$$\frac{\partial u(t, x_i)}{\partial x} = \frac{u(t, x_{i+1}) - u(t, x_i)}{\delta} + o(\delta)$$

よりも精度の高い近似である. 滑らかな関数 $u(t, x)$ を 2 次までテーラー展開すると

$$u(t, x_{i+1}) = u(t, x_i) + \delta\frac{\partial u(t, x_i)}{\partial x} + \frac{1}{2}\delta^2\frac{\partial^2 u(t, x_i)}{\partial x^2} + o(\delta^3)$$

同様に

$$u(t, x_{i-1}) = u(t, x_i) - \delta\frac{\partial u(t, x_i)}{\partial x} + \frac{1}{2}\delta^2\frac{\partial^2 u(t, x_i)}{\partial x^2} + o(\delta^3)$$

これらの差をとると

$$\frac{u(t, x_{i+1}) - u(t, x_{i-1})}{2\delta} = \frac{\partial u(t, x_i)}{\partial x} + o(\delta^2)$$

と誤差のオーダーが小さい.

式 (4.23) にこの近似を代入すると

$$\frac{\partial U(t, x_i)}{\partial t} + \mathcal{L}U(t, x_i) - rU(t, x_i) = 0$$

である. ただし,

$$\mathcal{L}U(t, x_i) = b(x_i)\frac{U(t, x_{i+1}) - U(t, x_{i-1})}{2\delta}$$
$$+ \frac{a(x_i)}{2}\frac{U(t, x_{i+1}) - 2U(t, x_i) + U(t, x_{i-1})}{\delta^2}$$

である.

$i = 1$ に対して,

$$\frac{\partial U(t, x_1)}{\partial t} + b(x_1)\frac{U(t, x_2) - U(t, x_0)}{2\delta}$$

$$+\frac{a(x_1)}{2}\frac{U(t,x_2)-2U(t,x_1)+U(t,x_0)}{\delta^2}-rU(t,x_1)=0 \quad (4.26)$$

$i=2$ に対して,

$$\frac{\partial U(t,x_2)}{\partial t}+b(x_2)\frac{U(t,x_3)-U(t,x_1)}{2\delta}$$
$$+\frac{a(x_2)}{2}\frac{U(t,x_3)-2U(t,x_2)+U(t,x_1)}{\delta^2}-rU(t,x_2)=0 \quad (4.27)$$

同様にして, 最後の方程式は $i=n-1$ に対して,

$$\frac{\partial U(t,x_{n-1})}{\partial t}+b(x_{n-1})\frac{U(t,x_n)-U(t,x_{n-2})}{2\delta}$$
$$+\frac{a(x_{n-1})}{2}\frac{U(t,x_n)-2U(t,x_{n-1})+U(t,x_{n-2})}{\delta^2}-rU(t,x_{n-1})=0 \quad (4.28)$$

である. これを次のように行列とベクトルで表そう.

$$\frac{\partial U(t,x_i)}{\partial t}+M\mathbf{U}(t)=\mathbf{V}(t) \quad (4.29)$$

a. 境界条件が既知における解法

境界条件から $u(t,x_0)=u(t,A)$ と $u(t,x_n)=u(t,B)$ が与えられる場合をディリクレ境界条件という. 未知のベクトルを

$$\mathbf{U(t)}=(U(t,x_1),\cdots,U(t,x_{n-1}))^\top$$

とおくと,

$$\mathbf{V(t)}=\left(-\left(\frac{a(x_0)}{2\delta^2}-\frac{b(x_0)}{2\delta}\right)u(t,x_0),0,\cdots,0,\left(-\frac{a(x_n)}{2\delta^2}-\frac{b(x_n)}{2\delta}\right)u(t,x_n)\right)^\top$$

が式 (4.29) の右辺となり, 行列は

$$M=\begin{pmatrix} -r-\frac{a(x_1)}{\delta^2} & \frac{b(x_1)}{2\delta}+\frac{a(x_1)}{2\delta^2} & 0 & \cdots & 0 \\ \frac{a(x_2)}{2\delta^2}-\frac{b(x_2)}{2\delta} & -r-\frac{a(x_2)}{\delta^2} & \frac{b(x_2)}{2\delta}+\frac{a(x_2)}{2\delta^2} & \cdots & 0 \\ 0 & \cdot & \cdot & \cdot & 0 \\ 0 & 0 & \cdots & & 0 \\ 0 & \cdots & 0 & \frac{a(x_{n-1})}{2\delta^2}-\frac{b(x_{n-1})}{2\delta} & -r-\frac{a(x_{n-1})}{\delta^2} \end{pmatrix}$$

の 3 対角行列 (tridiagnal matrix) となる.

b. 境界条件の微分が既知のときの解法

$\partial u(t,A)/\partial x$ と $\partial u(t,B)/\partial x$ が与えられる場合はノイマン境界条件とよばれる．$\partial u(t,A)/\partial x$ を $(U(t,x_1) - U(t,x_0))/\delta$ で近似すると，

$$U(t, x_0) = -\frac{\partial u(t,A)}{\partial x}\delta + U(t, x_1)$$

同様に，

$$U(t, x_n) = \frac{\partial u(t,B)}{\partial x}\delta + U(t, x_{n-1})$$

したがって，$i=1$ である式 (4.26) は

$$\frac{\partial U(t,x_1)}{\partial t} + b(x_1)\frac{U(t,x_2) + \partial u(t,A)/\partial x\,\delta - U(t,x_1)}{2\delta}$$
$$+\frac{a(x_1)}{2}\frac{U(t,x_2) - 2U(t,x_1) - \partial u(t,A)/\partial x\,\delta + U(t,x_1)}{\delta^2} - rU(t,x_1) = 0$$

$i = n-1$ である式 (4.28) は

$$\frac{\partial U(t,x_{n-1})}{\partial t} + b(x)\frac{(\partial u(t,B)/\partial x)\delta + U(t,x_{n-1}) - U(t,x_{n-2})}{2\delta}$$
$$+\frac{a(x)}{2}\frac{\partial u(t,B)/\partial x\,\delta + U(t,x_{n-1}) - 2U(t,x_{n-1}) + U(t,x_{n-2})}{\delta^2}$$
$$-rU(t,x_{n-1}) = 0$$

となるから，式 (4.29) の行列 M の第 1 行 1 列の要素を $-r - a(x_1)/2\delta^2 - b(x)/2\delta$ にし，第 $n-1$ 行 $n-1$ 列の要素を $-r - a(x_{n-1})/2\delta^2 - b(x_{n-1})/2\delta$ に変え，右辺のベクトル $\mathbf{V(t)}$ を

$$\mathbf{V(t)} = \left(\left(\frac{a(x_0)}{2\delta} - \frac{b(x_0)}{2}\right)\frac{\partial u(t,A)}{\partial x}, 0, \cdots, 0, \left(-\frac{a(x_n)}{2\delta} - \frac{b(x_n)}{2}\right)\frac{\partial u(t,B)}{\partial x}\right)^\top$$

と定める．

4.5.2 時間に関する差分近似

区間 $[0,T]$ を m 分割し，$h = T/m$ とする．$\partial u(t,x)/\partial t$ を次の離散近似にすることよって式 (4.23) の数値解が求まる．

$$\frac{\partial u(t,x_i)}{\partial t} \approx \frac{U((j+1)h, x_i) - U(jh, x_i)}{h}, \ j = 0, \cdots, m-1$$

まず，最も簡単な解法を紹介する．

a. 陽解法 (explict scheme)

時間に関する近似を式 (4.29) に代入すると，

$$\frac{\mathbf{U}((j+1)h) - \mathbf{U}(jh)}{h} + M\mathbf{U}((j+1)h) = \mathbf{V}((j+1)h)$$

であるから，

$$\mathbf{U}(jh) = (I + hM)\mathbf{U}((j+1)h) - h\mathbf{V}((j+1)h)$$

時刻 T に対しては $U(T, x_i) = g(x_i)$ で与えられているので，$j = m-1$ から順次ベクトル $\mathbf{U}((m-1)h), \cdots, \mathbf{U}(0)$ と求めればよい．

しかし，この方法の解が発散しないためには $h < \delta^2$ に設定しなければならない．たとえば，解を 100 個の状態変数値に対して求めたいとするなら，$\delta = (B - A)/100$ である．このときには，時間幅が $h < (B - A)^2 \times 10^{-4}$ でなければならないので，時間軸に対して多くの計算をすることになる．それにもかかわらず誤差オーダーは $o(\delta)$ であるのが欠点である．

b. 陰解法 (implict scheme)

式 (4.29) の近似にパラメータ θ を用いて，時間軸に対して次のように設定する解法は Θ スキームとよばれる．

$$\frac{\mathbf{U}((j+1)h) - \mathbf{U}(jh)}{h} + \theta M\mathbf{U}((j+1)h) + (1-\theta)M\mathbf{U}(jh) = \mathbf{V}((j+1)h)$$

T から時刻を戻して計算するので，時刻 $(j+1)h$ の項は既知となり右辺におくと

$$(\frac{I}{1-\theta} - hM)\mathbf{U}(jh) = \frac{1}{1-\theta}(I + \theta hM)\mathbf{U}((j+1)h) - \frac{h}{1-\theta}\mathbf{V}((j+1)h)$$

となり，右辺を $V^*((j+1)h)$ とおいて，

$$(\frac{I}{1-\theta} - hM)\mathbf{U}(jh) = \mathbf{V}^*((j+1)h) \tag{4.30}$$

と簡潔に表す．この解法は $\theta = 1$ のときが陽解法であり，$\theta = 0$ のときに陰解法であり，また $\theta = 1/2$ のときクランク–ニコルソン法とよばれる．$\delta \to 0$ および $h \to 0$ のときには，陽解法のような条件を必要とせずに収束する．そのな

かでもクランク-ニコルソン法が最も収束がよいことが知られている.

4.5.3 3対角行列の掃き出し法 (後退代入法)

Θ スキームは式 (4.30) の連立方程式を時間の分割数の m 回数解く必要がある. 3対角行列は次のような掃き出し法 (後退代入法) で簡単に求められる. $M^* = (I/(1-\theta) - hM)$ とおくと, M^* も3対角行列である. 式 (4.30) は

$$M^* \mathbf{U}(jh) = \mathbf{V}^*((j+1)h) \tag{4.31}$$

となる. いま, 記号を簡略化するために

$$M^* = \begin{pmatrix} \alpha_1 & \beta_1 & 0 & \cdots & 0 \\ \gamma_2 & \alpha_2 & \beta_2 & \cdots & 0 \\ 0 & \cdot & \cdot & \cdot & 0 \\ 0 & 0 & \cdots & & \beta_{n-2} \\ 0 & \cdots & 0 & \gamma_{n-1} & \alpha_{n-1} \end{pmatrix}$$

とすると, 式 (4.31) は

$$\begin{pmatrix} \alpha_1 & \beta_1 & 0 & \cdots & 0 \\ \gamma_2 & \alpha_2 & \beta_2 & \cdots & 0 \\ 0 & \cdot & \cdot & \cdot & 0 \\ 0 & 0 & \cdots & & \beta_{n-2} \\ 0 & \cdots & 0 & \gamma_{n-1} & \alpha_{n-1} \end{pmatrix} \begin{pmatrix} U_1 \\ U_2 \\ \cdot \\ \cdot \\ U_{n-1} \end{pmatrix} = \begin{pmatrix} v_1 \\ v_2 \\ \cdot \\ \cdot \\ v_{n-1} \end{pmatrix}$$

とおける. M^* を次のようにして下3角行列をつくる.

$$\gamma_{n-2} U_{n-3} + \alpha_{n-2} U_{n-2} + \beta_{n-2} U_{n-1} = v_{n-2}$$
$$\gamma_{n-1} U_{n-2} + \alpha_{n-1} U_{n-1} = v_{n-1}$$

この $(n-2)$ 式から $(n-1)$ 式に $-\beta_{n-2}/\alpha_{n-1}$ を掛けて加えて, U_{n-1} を消去すると,

$$\gamma_{n-2} U_{n-3} + \underbrace{\left(\alpha_{n-2} - \frac{\beta_{n-2}}{\alpha_{n-1}} \gamma_{n-1}\right)}_{\alpha_{n-2}^*} U_{n-2} = \underbrace{v_{n-2} - \frac{\beta_{n-2}}{\alpha_{n-1}} v_{n-1}}_{v_{n-2}^*}$$

であるが，この新しい $(n-2)$ 式と $(n-3)$ 式に対して U_{n-2} を消去するために

$$\gamma_{n-2}U_{n-3} + \alpha^*_{n-2}U_{n-2} = v^*_{n-2}$$
$$\gamma_{n-3}U_{n-4} + \alpha_{n-3}U_{n-3} + \beta_{n-3}U_{n-2} = v_{n-3}$$

とし，$-\beta_{n-3}/\alpha^*_{n-2}$ を掛けて加える．この計算を続けると，第1式は

$$\alpha^*_1 U_1 = v^*_1$$

となり，$U_1 = v^*_1/\alpha^*_1$ が求まる．そこで，新しい第2式は

$$\gamma_2 U_1 + \alpha^*_2 U_2 = v^*_2$$

であったから，$U_2 = (v^*_2 - \gamma_2 U_1)/\alpha^*_2$ に求まった U_1 を代入して求められる．同様にして $U_3, \cdots, U_{n-1}$ がすべて求められる．

4.5.4 一般的係数の偏微分方程式

式 (4.23) に対して $a = a(t,x), b = b(t,x), r = -r(t,x)$ のような一般的な拡散過程を考えてみよう．状態変数に関する近似は

$$\frac{\partial U(t,x_i)}{\partial t} + b(t,x_i)\frac{U(t,x_{i+1}) - U(t,x_{i-1})}{2\delta}$$
$$+ \frac{a(t,x_i)}{2}\frac{U(t,x_{i+1}) - 2U(t,x_i) + U(t,x_{i-1})}{\delta^2} + r(t,x_i)U(t,x_i) = 0$$
(4.32)

となり，行列 M は

$$\begin{pmatrix} r(jh,x_1) - \frac{a(jh,x_1)}{\delta^2} & \frac{b(jh,x_1)}{2\delta} + \frac{a(jh,x_1)}{2\delta^2} & 0 & \cdots & & 0 \\ \frac{a(jh,x_2)}{2\delta^2} - \frac{b(jh,x_2)}{2\delta} & r(jh,x_2) - \frac{a(jh,x_2)}{\delta^2} & \frac{b(jh,x_2)}{2\delta} + \frac{a(jh,x_2)}{2\delta^2} & \cdots & & 0 \\ 0 & \cdot & \cdot & \cdot & & 0 \\ 0 & 0 & \cdots & & & 0 \\ 0 & \cdots & & 0 & & \\ & & & & \frac{a(jh,x_{n-1})}{2\delta^2} - \frac{b(jh,x_{n-1})}{2\delta} & r(jh,x_{n-1}) - \frac{a(jh,x_{n-1})}{\delta^2} \end{pmatrix}$$

となる. Θ スキームにおいて

$$M^*\mathbf{U}(jh) = \mathbf{V}^*((j+1)h)$$

が解けるためには, $\alpha_j^* \neq 0$ でなければならない. このための必要条件はオペレータ $\mathcal{L}$ が一様厳密に楕円型 USE(uniformly strictly elliptic) を満たすことである. USE とは任意の $\xi, x_i \in R^{n-1}$ に対して,

$$\exists \nu > 0 \quad s.t. \quad \sum_{i,j} a(jh,x_i)\xi_i\xi_j \geq \nu|\xi|^2$$

が成り立つことである. ただし 1 次元の楕円型偏微分方程式のとき, つまり $x_i \in R$ のときは

$$a(t,x_i) \geq \nu \quad \forall t \leq T$$

を満たす ν が存在する.

4.5.5 ブラック–ショールズの偏微分方程式

リスク中立測度の下では株価は

$$dS(t) = rS(t)dt + \sigma S(t)dW^*(t)$$

に従う. このとき $a(S(t)) = \sigma^2 S^2(t)$ であり, USE にはならない. しかし

$X(t) = \log S(t)$ とおくと，

$$dX(t) = \left(r - \frac{1}{2}\sigma^2\right)dt + \sigma dW^*(t)$$

となり，$a(X(t)) = \sigma^2$ は USE 条件を満たす．$f(S(T)) = f(e^{X(T)})$ であるから，終端条件を $u(T,x) = f(e^x)$ とする．偏微分方程式

$$\frac{\partial u(t,x)}{\partial t} + \left(r - \frac{\sigma^2}{2}\right)\frac{\partial u(t,x)}{\partial x} + \frac{1}{2}\sigma^2\frac{\partial^2 u(t,x)}{\partial x^2} - ru(t,x) = 0$$

を離散化し近似計算できる．

境界条件

境界条件は一般的には問題ごとに工夫が必要であるが，プットオプションでは以下のように設定できる．リスク中立測度の下で株価は $S(t) = S_0 \exp\{(r - \sigma^2/2)t + \sigma W^*(t)\}$ であるから，S_0 が大きいとき $S(t)$ も大きい．つまり，$S(t)$ は初期値 S_0 の増加関数である．したがって，S_0 が K より十分大きいとき $S(T)$ もそれより大きくなるので，$(K - S(T))^+$ はゼロと設定してよい．同様に S_0 がゼロに近づくと，$S(T)$ もゼロに近づく．したがって，状態変数の下限 $A = 0$ とし上限を B を K より十分大きい値とすればよい．このときディリクレ境界条件は

$$U(t, A) = K, \quad U(t, B) = 0$$

であり，ノイマン境界条件は

$$\frac{\partial u(t,A)}{\partial x} = \frac{\partial u(t,B)}{\partial x} = 0$$

である．

以上に概略を紹介したが，数値解析については Tavella[19] などを参考にされたい．

参 考 文 献

[1] T. Björk (2004) Arbitrage Theory in Continuous Time, 2nd ed. Oxford University Press；前川功一訳 (2006) ビョルク数理ファイナンスの基礎（ファイナンス・ライブラリー 9），朝倉書店．
[2] F. Black, M. Scholes (1973) The pricing of ocprions and corporate liabilities, *Journal of Political Economy*, **81**, pp. 637-659.
[3] E.Clément, D. Lamberton, P. Protter (2002) An analysis of a least squares regression method for American option pricing, *Finance Stochastics*, **6**, pp.449-471.
[4] J. Cox, M. Rubinstein (1985) Options Markets, Prentice-Hall.
[5] J. Cox, S. Ross, M. Rubinstein (1979) Option pricing: A simplified approach, *Journal of Financial Economics*, **7**, pp. 229-263.
[6] R. C. Dalang, A. Morton, W. Willinger (1990) Equivalent martingale measures and no-arbitrage in stochastic. *Stochastic and Stochastics Reports*, **29**, pp. 185-201.
[7] H. Follmer, A. Schied (2004) Stochastic Finance: An Introduction In Discrete Time 2 (De Gruyter Studies in Mathematics), Walter de Gruyter.
[8] D. Gale (1960) The Theory of Linear Economic Model, McGraw-Hill；和田貞夫・山谷恵俊訳 (1964) 線型経済学，紀伊國屋書店．
[9] J. M. Harrison, S. R. Pliska (1981) Martingales and stochastic integrals in the theory of continuous trading. *Stochastic Processes & Applications*, **11**, pp. 215-260.
[10] C. Huang, R. H. Litzenberger (1988) Foundations for Financial Economics, North-Holland.
[11] K. Ito, H. P. McKean, Jr. (1974) Diffusion Processes and Their Sample Paths, Springer.
[12] I. Karatzas, S. Shreve (1991) Browman Motion and Stochastic Calculus, Springer.
[13] D. Lamberton, B. Lapeyre (1996) Introduction to Stochastic Calculus Applied to Finance, Chapman & Hall；森平爽一郎監修 (2000) ファイナンスへの確率解析，朝倉書店．
[14] F. Langstaff, E. Schwartz (2001) Valuing american optims by simulation a simple least-squares approach, *The Review of Financial Studies*, **14**, pp.113–147.
[15] S. Pliska (1997) Introduction to Mathematical Finance, Blackwell；木島正明監訳 (2001) 数理ファイナンス入門，共立出版．
[16] P. Protter (2003) Stochastic Integration and Differential Equation, Springer.

- [17] A. N. Shiryaev (1984) Probability, Springer-Verlag.
- [18] G. Strang (1988) Linear Algebra and Its Application, Harcourt Brace Jovanovich.
- [19] D. Tavella, C. Randall (2000) Pricing Financial Instruments– The Finite Difference Method, John Wiley & Sons.
- [20] 池田昌幸 (2000) 金融経済学の基礎（ファイナンス講座 2），朝倉書店．
- [21] 伊藤　清 (1991) 確率論，岩波書店．
- [22] 伊藤清三 (1963) ルベーグ積分入門，裳華房．
- [23] 伊理正夫 (1986) 線形計画法，共立出版．
- [24] 岩堀長慶 (1977) 線形不等式とその応用，岩波書店．
- [25] 小川重義 (2005) 確率解析と伊藤過程（シリーズ〈金融工学の基礎〉6），朝倉書店．
- [26] 國田　寛 (1976) 確率過程の推定，産業図書．
- [27] 古林　隆 (1980) 線形計画法入門，産業図書．
- [28] 竹内　啓 (1965) 線形数学，培風館．
- [29] 伏見正則 (2004) 確率と確率過程（シリーズ〈金融工学の基礎〉3），朝倉書店．
- [30] 西尾真喜子 (1978) 確率論，実教出版．
- [31] 渡辺信三 (1975) 確率微分方程式，産業図書．

索　引

Symbols

$1_A(\omega)$　45
$\Phi(x)$　94, 107
$\phi(x)$　118
$(x)^+$　3, 119
$(x)^-$　119

欧文

capital asset pricing model　48
CAPMの関係式　51

derivative　3
Dynkinオペレータ　136

EMM　78
emplict scheme　140
equivalent martingale mesure　78
exotic option　4
explict scheme　140

Farkasの定理　37
filtration　59
forward contract　1
forward price　1

Greek　115

hedge　43

Ito's lemma　97

Kelly criterion　56

market portfolio　51
martingale　68
maturity　2

no-arbitrage condition　18

option holder　3
option premium　3
option writer　3

payoff　3

replicate　43
risk-neutral probability measure　25

self-financing strategy　59
self-financing trading strategy　71
spot price　1
Stiemkeの補題　36
stopping time　129
submartingal　69
supermartingal　69

T-forward measure　126
trivial sigma-field　60
T先渡し測度　126

underlying asset　3

ア　行

アメリカ型オプション　4, 129

索　引

イェンセンの不等式　130
伊藤過程　97
伊藤の補題　97
陰解法　140

エギゾチックオプション　4

オプション契約　3
オプション公式　104
オプションプレミアム　3

カ　行

確実性等価値　15
確率過程　59
確率測度の変換　46
確率的な割引率　47
可測である　61, 64
感度分析　115
完備市場　43, 79
ガンマ (Γ)　118
ガンマ (Γ_p)　121

ゲインの空間　48
ケリー基準　56
現物価格　1
現物取引　1

効用関数がリスク中立的　14

サ　行

最小分散マルチンゲール密度　54
裁定取引可能　75
先物価格　2
先物契約　2, 126
先渡し価格　1
先渡し契約　1, 125

シグマ集合体　60
自己調達戦略　59, 71
市場ポートフォリオ　51
資本資産価格モデル　48
条件付き確率　62

条件付き期待値　63, 67
────のタワールール　66
状態価格　45
ショートポジション　125

セータ (Θ_p)　121
線形汎関数　52, 81

相対価格プロセス　26
増大情報系　59
双対定理　21

タ　行

中心差分　137
超過収益率　49

停止時間　129
ディリクレ境界条件　138
デリバティブ　3
デルタ (Δ)　115
デルタ (Δ_p)　120
デルタヘッジング　116, 118

同値確率測度　24
同値マルチンゲール確率測度　28, 78
凸集合分離定理　76

ナ　行

2 項モデル　83
2 項モデルの複製戦略　88
2 次変動関数　95
ニューメレール　28

ノイマン境界条件　139

ハ　行

倍賭け戦略　69
バリアオプション　87

ファイナンスの第 1 基本定理　34, 76
ファイナンスの第 2 基本定理　43, 79
ファインマン–カッツ定理　112

フィルトレーション　59
複製する　43, 79
プットオプション　3
プット・コールパリティ条件　8, 128
ブラウン運動　94
ブラック–ショールズモデル　99
プロテクトプット　128

ペイオフ　3
ベータ値　51
ベガ (Λ)　116
ベガ (Λ_p)　120
ヘッジする　43

ポートフォリオインシュアランス　127
本源資産　3

マ 行

マルコフ性　88
マルチンゲール　68
マルチンゲール確率　11
マルチンゲール変換　73
丸山–ギルサノフ定理　100

満期　2

無裁定取引条件　18

ヤ 行

有界変動関数　95
優マルチンゲール　69

陽解法　140
ヨーロッパ型オプション　4

ラ 行

ラドン–ニコディム密度　46

リスク中立確率　11, 25, 45
リスクの市場価格　110

劣マルチンゲール　69

ロー (ρ)　116
ロー (ρ_p)　120
ロングポジション　125

著者略歴

浦谷　規（うらたに・ただし）
1949年　兵庫県に生まれる
1979年　東京工業大学大学院理工学研究科博士課程単位取得中退
現　在　法政大学工学部経営工学科教授
　　　　工学博士

シリーズ〈金融工学の基礎〉7
無裁定理論とマルチンゲール　　　　　　　定価はカバーに表示

2005年10月30日　初版第1刷
2015年 6月25日　　　第4刷

著　者　浦　谷　　　規
発行者　朝　倉　邦　造
発行所　株式会社　朝倉書店
　　　　東京都新宿区新小川町6-29
　　　　郵便番号　162-8707
　　　　電話　03(3260)0141
　　　　FAX　03(3260)0180
　　　　http://www.asakura.co.jp

〈検印省略〉

ⓒ 2005〈無断複写・転載を禁ず〉　　東京書籍印刷・渡辺製本

ISBN 978-4-254-29557-3　C 3350　　　Printed in Japan

JCOPY　〈(社)出版者著作権管理機構　委託出版物〉

本書の無断複写は著作権法上での例外を除き禁じられています．複写される場合は，そのつど事前に，(社)出版者著作権管理機構（電話 03-3513-6969，FAX 03-3513-6979，e-mail: info@jcopy.or.jp）の許諾を得てください．

好評の事典・辞典・ハンドブック

数学オリンピック事典	野口 廣 監修	B5判 864頁
コンピュータ代数ハンドブック	山本 慎ほか 訳	A5判 1040頁
和算の事典	山司勝則ほか 編	A5判 544頁
朝倉 数学ハンドブック［基礎編］	飯高 茂ほか 編	A5判 816頁
数学定数事典	一松 信 監訳	A5判 608頁
素数全書	和田秀男 監訳	A5判 640頁
数論＜未解決問題＞の事典	金光 滋 訳	A5判 448頁
数理統計学ハンドブック	豊田秀樹 監訳	A5判 784頁
統計データ科学事典	杉山高一ほか 編	B5判 788頁
統計分布ハンドブック（増補版）	蓑谷千凰彦 著	A5判 864頁
複雑系の事典	複雑系の事典編集委員会 編	A5判 448頁
医学統計学ハンドブック	宮原英夫ほか 編	A5判 720頁
応用数理計画ハンドブック	久保幹雄ほか 編	A5判 1376頁
医学統計学の事典	丹後俊郎ほか 編	A5判 472頁
現代物理数学ハンドブック	新井朝雄 著	A5判 736頁
図説ウェーブレット変換ハンドブック	新 誠一ほか 監訳	A5判 408頁
生産管理の事典	圓川隆夫ほか 編	B5判 752頁
サプライ・チェイン最適化ハンドブック	久保幹雄 著	B5判 520頁
計量経済学ハンドブック	蓑谷千凰彦ほか 編	A5判 1048頁
金融工学事典	木島正明ほか 編	A5判 1028頁
応用計量経済学ハンドブック	蓑谷千凰彦ほか 編	A5判 672頁

価格・概要等は小社ホームページをご覧ください．